IT日语泛读教程

主　编　罗雪梅　林　义　朴慧淑　孙　雪
副主编　邱玉梅　于　达　王　翱　李　伟
　　　　张宇澄　由天舒　永田隼也
编　者　刘新颖　郝　岩　尾崎宽幸

东南大学出版社
SOUTHEAST UNIVERSITY PRESS
·南京·

内 容 提 要

本书选用能够体现IT业新趋势和新发展的领域前沿全日文文章,将语言技能、专业知识、职业素养有机地结合到一起,在专业术语的学习与运用的同时,重视日语基础语言表达能力和篇章阅读理解能力的提高,旨在将学习内容与社会需求相结合,使学习者能够成为在日资IT公司及对日软件公司工作的实战性强的专业人才。本书面向具有中级日语水平的学习者,适合大专院校、培训中心的计算机专业、日语专业学生和即将或正在从事对日软件工作的技术人员和管理人员使用。

图书在版编目(CIP)数据

IT日语泛读教程 / 罗雪梅等主编. —— 南京:东南大学出版社,2020.3(2025.3重印)
 ISBN 978-7-5641-8843-6

Ⅰ.①I… Ⅱ.①罗… Ⅲ.①IT产业-日语-阅读教学-教材 Ⅳ.①F49

中国版本图书馆CIP数据核字(2020)第031355号

责任编辑:刘 坚　　责任校对:子雪莲　　封面设计:王 玥　　责任印制:周荣虎

IT日语泛读教程　IT Riyu Fandu Jiaocheng

主　　编	罗雪梅　林　义　朴慧淑　孙　雪
出版发行	东南大学出版社
社　　址	南京市四牌楼2号(邮编:210096　电话:025-83793330)
经　　销	全国各地新华书店
印　　刷	广东虎彩云印刷有限公司
开　　本	787mm×1092mm　1/16
印　　张	11.25
字　　数	270千字
版 印 次	2025年3月第1版第3次印刷
书　　号	ISBN 978-7-5641-8843-6
定　　价	40.00元

本社图书若有印装质量问题,请直接与营销部联系,电话:025-83791830。

大连外国语大学软件学院日语教研室
组织编写

主　编　罗雪梅　林　义　朴慧淑　孙　雪
副主编　邱玉梅　于　达　王　翱　李　伟
　　　　张宇澄　由天舒　永田隼也
编　者　刘新颖　郝　岩　尾崎宽幸

前言

当前,以互联网技术为核心的"第四次工业革命"正向纵深发展,并全方位地重塑着人们的工作和日常生活。随着5G商用的渐趋普及和人工智能的飞速发展,国家对软件人才尤其是高端软件人才的需求急剧增长,而复合型、应用型人才的培养也成为当前各高校亟须解决好的一道课题。

大连外国语大学软件学院立足大连、服务辽宁,一直致力于培养"IT+双语强化"的应用型、复合型人才,历经15年的发展,取得了良好的办学效益和声望,毕业生就业渠道宽、就业率高,支持了大连软件产业的发展。在总结过去十余年人才培养的经验的基础上,结合企业需求,大连外国语大学软件学院日语教研室组织编写了《IT日语精读教程》和《IT日语泛读教程》,本书为《IT日语泛读教程》。

本书聚焦于IT与日语的有机融合,选用能够体现IT业新趋势和新发展的领域前沿全日文文章,将语言技能、专业知识、职业素养有机地结合到一起,在专业术语的学习与运用的同时,重视日语基础语言表达能力和篇章阅读理解能力的提高,旨在将学习内容与社会需求相结合,使学习者能够成为在日资IT公司及对日软件公司工作的实战性强的专业人才。本书面向具有中级日语水平的学习者,适合大专院校、培训中心的计算机专业、日语专业学生和即将或正在从事对日软件工作的技术人员和管理人员使用。

本书的编写团队成员除资深的大连外国语大学软件学院日语专业教师(含日籍教师)之外,本校的专业共建合作伙伴——IBM[国际商业机器全球服务(大连)有限公司]、大连华信计算机技术股份有限公司、埃森哲信息技术(大连)有限公司、大连东日信科技有限公司等公司的IT企业专家也参与其中,提出很多宝贵意见,本书亦是校企合作成果之一。其中,校企合作编写组成员主要包括:祁瑞华、李鸿飞、王文智、姜超、韩参、蒋振彬、梁浩、刘志强、杨秋颖、范泽华(排名不分先后)。在此谨向付出辛勤劳动的全体编写人员、对本书的出版给予大力支持和帮助的各位专家表示崇高的敬意和衷心的感谢!

本书的出版获得了"大连外国语大学2017年学科建设经费"和2017年大连外国语大学校级教学改革项目及2018年辽宁省级教改项目"以'IT+日语'为特色的应用型人才培养模式下IT日语课程建设及教材开发的研究与实践"的资助,亦是"辽宁省转型发展试点专业建设"的项目成果之一。在此一并表示衷心的感谢!

由于编者水平有限,虽然尽最大努力,但也一定有不当之处,敬请广大读者批评指正。本书配有音频,可扫码播放或下载。

编者
2020年1月

第 1 課　エンジニアにはどんな教育が必要か ……………………………………… 1

第 2 課　Google、中国とインドに再挑戦 ……………………………………………… 8

第 3 課　愛情を持ったコンピューターが人間を幸せにする ……………………… 17

第 4 課　中国はキャッシュレスから無人サービスへ ……………………………… 26

第 5 課　VR（仮想現実）・AR（拡張現実）：デバイスの進化、プラットフォームの共通化で市場が拡大 ……………………………………………………… 34

第 6 課　デザインも操作性もパソコンはさらに進化する ………………………… 42

第 7 課　これからのデータセンターに求められる課題 …………………………… 49

第 8 課　世界規模でIT投資を最適化 ………………………………………………… 56

第 9 課　悪質！ネットで広がる「新手の詐欺」の実態 …………………………… 63

第 10 課　世界で広がる「自転車シェアサービス」の今 …………………………… 71

第 11 課　IT業界の構造と役割分担 …………………………………………………… 77

第 12 課　携帯電話・スマートフォン・タブレット端末利用時の脅威と対策 ……… 83

第 13 課　デジタル技術が可能にする安心な暮らし ………………………………… 90

第 14 課　未知なる発見を実現する新型計算機の登場──量子コンピューター …… 97

第 15 課　インターネット犯行にはどのようなものがあるか ……………………… 102

第 16 課　誰も書かない最重要文書──チャーターを『描く』方法 ……………… 108

译文 ……………………………………………………………………………………… 114

第1課

エンジニアにはどんな教育が必要か

教育が必要なのは技術だけではない

　さて教育というと、「何についての教育なのか」という点について考える必要があります。「そんなの『技術について』に決まっているだろう」と考えるのは早計です。そもそもエンジニアであれば、技術については自然と成長するケースも多いことでしょう。技術力の向上に対するモチベーションも高いでしょうし、自分のスキルアップは楽しいと思うのではないでしょうか。だからといって、「技術については教育がいらない」ということではないのですが。

　ざっくり分けてみると、

　技術力そのもの

　技術力の磨き方

　仕事の進め方

　他職種の業務内容

　リーダーシップやマネジメント

　交渉

　協調性

　経営

　くらいでしょうか。全員に対して全部が必要ということではなく、このうち必要なものについて教育を行うということになります。

「技術力を磨く能力」の高い低いによって、1年後2年後のスキルは全然違ってくる

　一応順に説明すると、技術力そのものはいいとして、技術力の磨き方というのは技術力

と同じくらい、もしくはそれ以上に重要です。技術力を磨く能力の高い低いによって、1年後2年後のスキルは全然違うでしょう。

　今は書籍よりもネットのほうが情報源として使われるケースが多いと思いますが、それだけに、情報の集め方・見極め方というのは重要です。書籍も玉石混淆ではありますが、ネットはよりその落差が激しく、間違った情報もたくさんあります。

　一例として、私はインフラエンジニアでしたので、教育としては「解決できないときは、システムコール・パケットを見ればわかる」ということはよく言いました。もちろん、プログラムのソースがあればそれも重要な情報源ですが、インフラエンジニアはトラブル時にソースを見られないというケースはままあるものです。

　正直、システムコールやパケットを見るのはけっこうハードルが高く、根気も必要ですが、「最悪それをすれば、ほとんどの問題は解決できる」という手段を持っておくのは重要ですし、そうしたトラブル解決をしてきたエンジニアというのはスキルが大きく向上するのもまた事実です。

他職種の仕事の進め方を理解しているほど、自分の業務にもプラスになる

　次に、仕事の進め方です。これはかなり多岐に渡りますが、やはり技術力と同様に必要な能力といえるでしょう。プログラマーであれば開発管理だったり、SEであればプロジェクト管理だったり情報の整理や管理、あとエンジニアだと作業環境も重要だったりします。

　他職種の職務内容も、教育としては重要な部分です。ほとんどのエンジニアは、趣味ではなく仕事でエンジニアリングに関わっているでしょうし、R&Dよりは事業に関わるほうが多いかと思います。その場合、当然その仕事については営業やマーケティング、サービス企画、カスタマーサポートなど他部署と連携していることになりますが、そうしたときに「他部署のスタッフは、どういう業務を、どのように進めているのか」を理解するというのも、大変重要です。そもそもその前に、「他部署の業務内容も把握することが重要である」という教育自体が必要なこともあります。

　たとえば、システム開発の会社からネットサービスの会社に転職した場合、受注側から発注側に移るわけですが、その両方の経験があるというのは業務を進めるうえでプラスになります。それと同様、他職種についても理解が深ければ深いほど、自分の業務にもプラスになることは多いものです。

第1課　エンジニアにはどんな教育が必要か

交渉と協調性は「相手の心情に配慮する」という意味で似ている

　次に交渉ですが、これは特にエンジニアが職種の中では相対的に苦手というか不得手な人が多いため、教育が重要な部分の一つであるといえます。みんながみんなというわけではないですが、エンジニアというのは「交渉をせずに、要求をするだけ」というケースが多く見受けられます。コンピュータ相手ではなく人間同士のやりとりなのですから、相手の事情、心理なども鑑みるのは重要ですし、そのほうが結果として自分の要求も満たす割合が高くなることでしょう。

　協調性も、交渉に似た要素があるといえます。交渉と同様に、なぜかエンジニアは協調性をあまり重視しない人の割合が高い気がしますが、エンジニア同士でも他部署との間でも、協調性というのは非常に重要です。たとえば「『ありがとう』と『ごめんなさい』が素直に言えるかどうか」「挨拶できるかどうか」という社会参加のかなり初歩の初歩をきちんとできるようにするだけでも、会社の業務の円滑さというのは相当変わります。また、「相手の心情に配慮する」という意味でも、交渉と協調性は似ているといえます。

経営を理解していたほうが、より無駄なく業務へ取り組める

　最後に経営ですが、これは先ほど挙げた中では「教育が必須」とはいえないジャンルです。ただ、業務というのはすべて、まずビジョンがあり、ビジネスモデルがあり、それらを要因として発生しているのですから、経営について理解していると「自分がなぜその業務に取り組む必要があるのか？」を表面的ではなく核心から理解することができ、より無駄なく業務へ取り組めるようになることでしょう。

出所：http://gihyo.jp/lifestyle/serial/01/engineer-x-manage/0007

単語表

さて①		且说、那么、呀！
早計⓪	そうけい	过早、过急、轻率
モチベーション⓪	motivation	动机、干劲、积极性
スキルアップ④	skill-up	提升技能
リーダーシップ⑤	leader-ship	领导能力
マネジメント②	management	经营、管理、控制
協調性⓪	きょうちょうせい	合作协调能力
情報源③	じょうほうげん	信息来源

ケース①	case	情况、事例、案例
玉石混淆⓪	ぎょくせきこんこう	鱼目混珠、好坏混杂
落差①	らくさ	落差
インフラエンジニア⑦	infra-engineer	基础建设工程师
システムコール⑤	system-call	系统调用
パケット②	packet	数据包、信息包
ソース①	source	来源、出处
根気⓪	こんき	耐性、毅力、精力
エンジニアリング⑤	engineering	工程、操作、管理
マーケティング③⓪	marketing	市场学、营销学
カスタマーサポート⑦	customer-support	客户支持
連携⓪	れんけい	联合、合作
スタッフ②	stuff	员工、成员
受注⓪	じゅちゅう	接受订货、接受任务
発注⓪	はっちゅう	订货、订购
心情⓪	しんじょう	心情
鑑みる④	かんがみる	鉴于、遵照、依据
円滑⓪	えんかつ	圆滑、圆满、顺利
ジャンル①	genre	种类、形式、流派
ビジョン①	vision	理想、幻想、愿景

文 型

1. ～というと

[解釈] 何かを話題として取りあげる時、あるいは取りあげて強く言う時。

[例文] ①恐怖体験というと、深夜のドライブ中にあったことを思い出す。
　　　②日本料理というと、刺身やお寿司が目に浮かぶ。
　　　③どうしてこんなに痩せたかというと、忙しくて食事の暇もなかったからだ。

2. だからといって

[解釈] 前の事柄を一応認めるが、そういう理由があっても、後の事柄を受け入れはしないと述べるのに用いる。

[例文] ①毎日忙しい。しかし、だからといって、好きな陶芸をやめるつもりはない。
　　　②今この店で買うと50パーセント引きだそうだ。しかし、だからといって、いらないものを買う必要はない。
　　　③確かに、あの会社は待遇がいい。しかし、だからといって今の仕事をやめるのには反対だ。

3. 〜わけだ

[解釈] 〜のは当然だ。

[例文] ①何年も日本にいたから、日本語が上手なわけだ。

②お風呂が沸かないわけだ。スイッチを入れ忘れていた。

③彼は日本で3年間働いていたらしい。(道理で)日本の事情にかなり詳しいわけだ。

4. 〜上で

[解釈] 〜のに。〜において。

[例文] ①健康の上では、別に問題はない。

②有意義な留学生活を送る上での注意点は以下に書いてあるとおりです。

③今度の企画を成功させる上で、ぜひみんなの協力が必要となる。

5. 〜わけではない

[解釈] 特に〜ではない。必ずしも〜ではない。

[例文] ①私の部屋は本で埋まっているが、全部を読んだわけではない。

②知らないわけではないんだが、話すわけにはいかないんだ。

③甘いものが嫌いなわけではありませんが、ダイエットしているんです。

6. 〜ずに

[解釈] 〜ないで。〜しないまま。

[例文] ①コートも脱がずに、寝てしまった。

②弟は勉強もせずに、ゲームばかりしている。

③努力せずに、成功を求めるなんてありえない。

注 釈

1. SE

システムエンジニア【System Engineer】の頭文字。

システムエンジニアとは、システムの設計・開発・テストを手がける職種のことです。同様の業務を手がける職種としてプログラマがありますが、その線引は企業やプロジェクトによって異なり、開発フェーズのなかで『上流工程』と呼ばれる部分を担うことが一般的です。

出所:https://employment.en-japan.com/tenshoku-daijiten/8328/

2. R&D

リサーチ・アンド・デベロップメント【Research and Development】の頭文字。

研究開発のこと。直接現在の利益に貢献するわけではないが、新商品の開発や新しい技術を確立することで将来の売上に結びつく重要な業務。

出所:http://www.be-proud.jp/word/dictionary/m_r/rd.html

IT 日语泛读教程

　企業の研究開発業務および部門。多くの事業は現在の市場ニーズに対応しながら収益を上げていくのだが、景気の動向や環境の変化によってニーズも大きく変化、増減する。R&Dを常に先行させ、将来のニーズにあった商品を開発することともに、ニーズそのものを発見することも重要な役割とされている。直接現在の利益に寄与するわけではないが、新商品の開発や新しい技術を確立することで将来の売上に結びつく、企業の将来的な方向性や収益を担う貴重な業務と言える。

出所：デジタル用語辞典

読み物

GRCが求める英語力、遂行能力、プレゼン力

　IT戦略における日本と世界の差異を見極めるために、「GRC(Governance、Risk Management、Compliance)」の観点から考察している。以下では、GRCを進めるうえで必要になる能力、すなわち英語力や、業務遂行能力、プレゼン力をグローバルな観点からみていきたい。

　グローバル化(Globalization)は、ラテン語の「globus」が語源である。「糸玉＝clew」という意味だ。ギリシャ神話に登場する英雄テセウスは、迷宮に閉じ込められた怪物ミノタウロスを退治する際、迷宮で迷わないための命綱としてclewを使った。

　私たち現代人もグローバル化が進展する世界で迷わないようにclewが必要だ。現在、インターネットに接続されている機械は100億台以上あるとされている。これら、つながっている先とやりとりするためのclewとして、新しいITへの対応力と英語力の二つの必要性が急速に高まっている。

　ネット上で英語を使うユーザーは5億4000万人程度だとされ、他言語と比べ最も多い。ビジネスの世界でも、アジアにおける共通言語は事実上、英語である。世界でよく使われているソフトウェアやサービスを次々と繰り出してくる著名なネット企業は、ほぼすべてが米国発。すなわち、最新のソフトウェアやサービスも英語がベースだということだ。

　GRCの観点では、英語力と遂行能力、そしてプレゼン力が決め手になる。相手に理解してもらうためには、「Accountability(説明責任)」「Assert(主張する)」が求められるためだ。

GRCが求める英語力

　英語力に関しては、今更の指摘かもしれない。だが、GRCの観点でみれば英語力は一般に理解されている以上に、日本人が不利益を被っている。

　コンサルタントである筆者は、外国人のコンサルタントと協業する機会が少なくない。彼らとともに日本企業にコンサルテーションを実施していると、日本人コンサルタントを彼の能力以下に解釈し、外国人コンサルタントに対しては能力以上に解釈する日本人が多い。これは実は、言語による理解力の差が問題である。そのため筆者は、外国人コンサルタントと肩を並べるために、通常の倍近い能力を提示できるように心がけている。

　例えば、外国人と日本人の両コンサルタントが、同じ100のコンサルティング能力を持っているとしよう。日本人の英語力は平均的にある程度は高い。ネイティブスピーカーとの会話であれば、そ

第1課　エンジニアにはどんな教育が必要か

の理解できる範囲は70％程度だろう。

コンサルタントから説明を受けた日本人からすれば、英語で話す外国人コンサルタントの話は70％程度しか理解できない、にもかかわらず、後述するプレゼン力などに支えられ、理解できない残り30％については、好意的に解釈してしまう。

GRCが求める遂行能力

コンサルタントには、3つの役割がある。最も重要なのが、ユーザーへの解決策、すなわちソリューションを作り出すことだ。2つ目が、何らかの分野のエキスパートであること。最後は、セッションや打ち合わせ等をうまくコントロールすること、すなわちファシリテーションである。

グローバルな環境で仕事をするためには、これらの役割を果たせなければ仕事はできない。日本国内でもコンサルタントの約2割は外国人が採用されているという。ただこれは、コンサルタントに限ったことではなく、すべての職種に通じることだ。

ITリテラシーも、この遂行能力の1つになる。推測でしかないが、日本人のITリテラシーとは30年前に比べて大きな地盤沈下が起こっているのではないだろうか。

ここでいうITリテラシーとは、WordやExcelといったオフィスソフトの使い方を言っているわけではない。システム構築やビジネスプロセス改革時に求められる、ITアーキテクチャーやソフトウェア工学などに関連する知識やノウハウ、さらには、次々と登場する新しいITへの対応力などを指している。

もちろん、勢いがあり、技術力も高いIT企業も、まだまだ数多く存在する。だが、外資企業の中には、日本市場の売り上げがグローバル全体の10％に届かなくなった企業が少なくない。その背景には、ITリテラシーの低下があると考えられる。

GRCが求めるプレゼン力

グローバルな環境で自らを主張するには、効果的なプレゼン力が必要だ。上述した日本人コンサルタントと外国人コンサルタントの評価の違いには、英語力だけでなく、このプレゼン力の差も影響している。身振り手振りや間の取り方など、外国人のプレゼン力を見習う必要がある。

プレゼンはかつてIT業界の特徴の1つだったが、今はどの業種？業界でもプレゼンは避けて通れない。成功するプレゼンのキーワードは、「HPとMS」である。IT業界発だから「ヒューレットパッカードとマイクロソフト」という意味ではない。HPとMSは、下記の頭文字である。

H：Humor　　　　（ユーモア）
P：Passion　　　　（情熱）
M：Moving　　　　（感動）
S：Surprise　　　　（驚き）

英語、日本語を問わず、プレゼンには必ず「Humor」を盛り込む。当然、相手を傷つけない品位のあるものでなければならない。そして、一貫して自らの「Passion」を伝えながら、その中に「Moving（質的なもの）」と「Surprise（量的なもの）」を盛り込む。

出所：https://it.impressbm.co.jp/articles/-/11669

第 2 課

Google、中国とインドに再挑戦

　米Googleは、中国・北京に人工知能（AI）の研究拠点を開設すると発表した。その施設とは、「Google AI China Center」と呼ばれる研究所。ここで同社は、AIに関する基礎研究を手掛けるという。

　この事業では、Googleクラウドサービス部門の幹部で、米スタンフォード大学コンピューターサイエンス学部の准教授でもあるFei-Fei Li（フェイフェイ・リー）氏が、研究所の共同所長を務める。同社はすでに、深層学習や自然言語処理といった分野で中国人研究者を雇い入れているが、今後さらに人員を増やし、コンピュータビジョンの分野でも研究者を集めると、Li氏は話している。

　こうしたGoogleの中国における新たな動きについては、同社が中国市場への再参入を狙っていることを意味すると指摘するアナリストもいる。Googleはかつて、中国で検索サービスを提供していた。しかし、現在、中国大陸地域では、メールサービスのGmail、アプリ配信のGoogle Play、動画配信のYouTubeなども利用できない状態になっている。

　こうした状況について米Wall Street Journalは、Googleのサービスと連携することを前提に開発されたスマートフォンやAIスピーカーの中国展開が困難になっていると伝えている。

　AIなどの昨今注目されているテクノロジー分野では、中国と米国の企業間で開発競争が激化している。そうしたなか、中国政府は積極的に国内企業を後押している。例えば、香港の英字紙South China Morning Postによると、中国科学技術省は2017年11月、次世代AI発展計画と科学技術プロジェクトの始動式を開催した。このとき科学技術省は、今後推進する国家4大AIプロジェクトの担い手として、同国のIT大手4社を選んだ。その

第2課　Google、中国とインドに再挑戦

4社とは、「BAT」と呼ばれるBaidu（百度）、Alibaba（阿里巴巴）、Tencent（騰訊）の3社と、音声認識技術のiFlyTek（科大訊飛）だ。

Wall Street Journalによると、これら中国4社はいずれも米国の研究所を開設しているか、今後開設する計画を立てている。優秀な人材の獲得といった分野でも、米中企業間の競争が激化しているという。

Googleはインド市場のビジネス展開も模索している。同国の経済紙Economic Timesが先ごろ報じたところによると、同社はインドで自社開発のスマートフォンを販売する実店舗を開設する計画だ。

Googleはかつて、2013年にインドの地場企業と提携し、モバイルOS「Android」を搭載するスマートフォンを販売する実店舗を開設した。このときの計画は、同国で50店舗を展開するというものだった。だが結局、わずか2店舗をオープンしたのち、計画は中断。その数年後には、営業していた2店舗も閉鎖を余儀なくされた。その理由は販売不振にあったとEconomic Timesは伝えている。

ところが、今回は状況が異なるという。Googleは2017年11月に、インドで期間限定の簡易店舗を十数店開設した。その目的は自社開発のスマートフォン「Pixel 2」を同国消費者に体験してもらうこと。この簡易店舗への顧客の反応が好調で、同社は本格的な店舗展開を検討するに至ったとEconomic Timesは伝えている。

同紙によると、Googleは新たな本格的店舗で、AIスピーカー「Google Home」や、パソコン「Pixelbook」、仮想現実用ヘッドセット「Daydream View」、映像配信端末「Chromecast」などの自社開発ハードウエアも販売する計画という。インドのスマホ市場は米国を抜き世界2位に上った。

今回のGoogleの動きは、急成長するインド市場が背景にあるようだ。インドの携帯電話加入者数は11億人超に上り、中国に次ぐ世界2位。また英国の市場調査会社Canalysによると、インドは先ごろスマートフォンの出荷台数でも世界2位となった。

これまでスマートフォンの出荷台数は、中国が最も多く、米国が次ぎ、インドは第3位だった。2017年7～9月期のインドの出荷台数は前年同期比23％増の4000万台超となり、米国を上回る2位に浮上した。

インドで出荷台数が多いメーカーは1位から順に、韓国Samsung Electronics、中国Xiaomi

（小米科技）、中国 vivo Mobile Communication（維沃移動通信）、中国 OPPO Mobile Telecommunications（広東欧珀移動通信）、中国 Lenovo Group（聯想集団）。上位はSamsungを除いてすべて中国企業という状況だ。

　Samsungは4年半にわたり、インドのスマートフォン市場で首位の座を維持している。だが現在はSamsungを追い抜く勢いでXiaomiが台数を伸ばしており、今後数四半期のうちにはXiaomiの出荷台数がSamsungを超えるだろうとCanalysは予測している。

　中国メーカーが勢いを増す中、自社ブランドのスマートフォンを展開するGoogleを取り巻く市場環境も、厳しいものになっている。こうした中、インドで自社スマートフォンブランドの存在感を高めるためには、実店舗の設置が不可欠と言えそうだ。

　Apple、Xiaomi、Samsungなどの海外メーカーは、すでに同国で実店舗を運営している。ただしインドは外資規制が厳しく、メーカーの現地法人が自ら直営店を運営することが困難だ。このため各社は地場企業と連携し、フランチャイズ方式で店舗を運営している。

　例えばAppleは、日本でも展開している直営店「Apple Store」をインドで設置することを目指しているが、今のところ実現に至っていない。その代わり同社は、インドの大手・中堅小売業者と提携し「Apple Premium Resellers」というフランチャイズ方式でApple専門店を展開したり、地場小売店の中に販売コーナー「Apple Shop」を設けたりしている。

　Googleがインドでどのような形態の店舗を計画しているのか、今のところ明らかになっていない。Googleも同様に地場企業と提携し、店舗を展開する可能性が高いと見られている。

出所：https://tech.nikkeibp.co.jp/it/atcl/column/14/200047/011100048/

単語表

人工知能⑤	じんこうちのう	人工智能
クラウドサービス⑤	Cloud-service	云服务
サイエンス①	science	科学
深層学習⑤	しんそうがくしゅう	深度学习
アナリスト③	analyst	分析家、証券分析家
スマートフォン⑤	smart-phone	智能手机
スピーカー②	speaker	扩音器

第 2 課　Google、中国とインドに再挑戦

昨今①	さっこん	如今
テクノロジー③	technology	科学技术
後押し②	あとおし	（从后面）推、支援
始動式⑤⓪	しどうしき	启动仪式
閉鎖⓪	へいさ	封闭、关闭
販売不振⑤	はんばいふしん	销售不景气
簡易店舗④	かんいてんぽ	简易店铺
好調⓪	こうちょう	顺利、情况良好
ヘッドセット④	Head-set	耳麦
端末⓪	たんまつ	终端
出荷⓪	しゅっか	出库、发货、上市
外資規制④	がいしきせい	外资限制
フランチャイズ④	franchise	垄断经销权、专营权
地場②	じば	本地、当地
小売店③⓪	こうりてん	零售店

文　型

1. ～といった

[解釈] というような。など。

[例文] ①休みをとって旅行に行くといった余裕はない。

　　　②北京や上海といった大都会には出稼ぎ者が多い。

　　　③日本料理ではよく味噌やみりんといった調味料を使う。

2. ～における

[解釈] ～という場所・領域・点・時などで。

[例文] ①過去における過ちを謝罪する。

　　　②在学中における成績はかなり優れている。

　　　③21世紀における中日関係は一言では言い表せない。

3. ～向け

[解釈] ある物の使用者・使用目的として意図される対象を表す。

[例文] ①その番組は子供向けだ。

　　　②この絵本の著者は、難しい物語を子供向けに書き直した。

　　　③このチャンネルはNHKの海外向けの放送です。

4．～を余儀なくされる

［解釈］やむを得ずそうしなければならない。

［例文］①火事で住まいが焼けたため、家探しを余儀なくされた。

②これ以上の争いを避けるために、全員が協力を余儀なくされた。

③台風の襲来で、登山計画の変更を余儀なくされた。

5．～にわたり

［解釈］期間・回数・場所の範囲を表す語について、その規模が大きい様子。

［例文］①手術は十時間にわたり行われた。

②二週間にわたる期末試験がやっと終わった。

③この一年間、公私両面にわたりいろいろお世話になりました。

注　釈

1. Google AI China Center

　上海で開催されたグーグル・デベロッパー・カンファレンス（2017谷歌开发者大会）にて、グーグルは、AI・機械学習研究のための「グーグル AI チャイナセンター（Google AI China Center：谷歌 AI 中国中心）」を中国に開設すると正式に発表した。

　中心となって率いているのは「Google Cloud」のAI・ML（機械学習）チーフサイエンティストであるリー・フェイフェイ（李飞飞）だ。リーは、「AI 中国センターでは、基礎的なAI 研究に重点を置いて、活気ある中国 AI 研究コミュニティと協力していきたい。グーグルの研究者が研究成果を発表するだけでなく、中国政府との協力関係を築いて、多くの学生や研究者がAIや機械学習を学ぶための支援ができることを期待している」と語っている。

出所：https://chinapass.jp/2017/news/googl-establish-new-ai-center-in-china

2. Google Play

　Google Play（グーグル プレイ）は、Googleによって提供される、主にAndroid 端末向けデジタルコンテンツ（アプリケーション・映画・音楽・書籍など）の配信サービス。2012年3月6日に「Android Market」を「Google Play」に改名し、「Google eBookstore」「Google Play Music」といったサービスも統合して誕生した。

　Google Play ストアアプリが提供されており、利用者は世界中の個人や企業の開発者が開発したアプリを入手することができる。2012年3月6日にAndroid Market アプリから名称を変更した。

出所：https://ja.wikipedia.org/wiki/Google_Play

3. YouTube

　YouTube（ユーチューブ）は、アメリカ合衆国・カリフォルニア州サンブルーノに本社を置く世界最大の動画共有サービス。Youは「あなた」、Tubeは「ブラウン管（テレビ）」という意味である。

第2課　Google、中国とインドに再挑戦

　2005年2月14日、PayPalの従業員であったチャド・ハーリー、スティーブ・チェン、ジョード・カリムらがカリフォルニア州サンマテオで設立した。ハーリーはペンシルベニア州立インディアナ大学でデザインを、チェンとカリムはともにイリノイ大学アーバナ・シャンペーン校で計算機科学を学んだ。

　2018年4月3日、カリフォルニア州サンブルーノのYouTube本社のオープンカフェにて銃乱射事件(英語版)が発生した。サンディエゴに住む39歳女性ユーチューバーによる犯行とみられ、容疑者女性は自殺した。容疑者はYouTubeと長年争っており、YouTubeがコンテンツクリエイターを抑圧しようとしていると主張、投稿した動画に対する支払いが止められたことに憤っていた。

　2018年5月17日、YouTubeは『YouTube Red』のサービス名を『YouTube Premium』に変更すること、このサービスをカナダと13のヨーロッパ諸国でも展開することを発表した。

出所：https://ja.wikipedia.org/wiki/YouTube

4. South China Morning Post

　サウス・チャイナ・モーニング・ポスト（South China Morning Post；南華早報）は、香港で発行されている日刊英字新聞。

　香港がイギリス領であった1903年に創刊された英字新聞。香港返還後も引き続き多くの英語話者を抱えている香港で固定的な読者を持ち、2006年現在の発行部数は約10万4000部である。また日曜版である『サンデー・モーニング・ポスト』（『Sunday Morning Post』）の発行部数は約8万部となっている。

　創刊当時の中国語題号は『南清早報』であったが、辛亥革命によって1912年に中華民国が成立したことを受けて、翌1913年より現在の『南華早報』に改めた（英語題号は変化していない）。1987年にルパート・マードックのニューズ・コーポレーションに買収された後、1993年からマレーシア華僑・ロバート・クオック（郭鶴年）のケリー・メディア社の傘下に入った。1996年から有料のオンライン版も発行しているほか、紙媒体版には学生割引サービスが存在する。

出所：https://ja.wikipedia.org/wiki/%E3%82%B5%E3%82%A6%E3%82%B9%E3%83%81%E3%83%A3%E3%82%A4%E3%83%8A%E3%83%BB%E3%83%A2%E3%83%BC%E3%83%8B%E3%83%B3%E3%82%B0%E3%83%BB%E3%83%9D%E3%82%B9%E3%83%88

5. BAT

　BATは、B：百度（バイドゥ）、A：阿里巴巴集団（アリババ）、T：騰訊（テンセント）の頭文字を取っています。

　各社はすでにあらゆるネットサービス市場において事業ドメインを設定していますが、バイドゥはもともと検索大手であり、日本でいうヤフーのような位置づけといえます。アリババに関しては、EC事業が活発で、CtoCのタオバオ、BtoCのTmall（天猫）、BtoBのアリババドットコムを運営しています。

出所：https://www.libcon.co.jp/facebook/detail02/

6. iFlyTek

　中国では人工知能（AI）の開発に国を挙げて取り組んでいる。政府は2017年7月、2030年までに世界トップレベルに向上させるための「次世代AI発展計画」を公表した。

　AIの分野で注目されている企業の一つが科大訊飛（アイフライテック）である。同社は1999年12に中国科学技術大学の博士課程に在籍していた劉慶峰氏が創立した、音声技術とAI技術を専門とするソフトウェア企業であり同社は主に音声認識、音声合成などの技術をもとに、音声メッセージソフトウェア、チップ製品、情報サービス、通信設備などを開発している。音声を認識して自動翻訳で扱う言語は中国語、英語、日本語などであり、認識・翻訳の精度を97％まで高めている。また、文章の読解認識とその理解力にも優れている。2017年8月に中国で行われた医師国家試験でAIロボットが筆記試験に合格したことが話題となった。

　現在、科大訊飛の音声ベース技術は中国市場の70％を占めている。同社によると、毎日延べ15億人、開発者16万人、末端顧客7億人に同社のソフトウエアを提供している。

　　　　出所：http://www.soumu.go.jp/johotsusintokei/whitepaper/ja/h30/html/nd127410.html

読み物

グーグルの戦略

情報の流れを抑える企業

　グーグルの社是は、「世界中の情報を整理すること」である。整理といえば聞こえがよいが、それは情報の掌握にほかならない。すべての情報を整理するためには、すべての情報を知っている必要があるのだから、これは自明の理と言える。

　実際、グーグルほど情報の収集に貪欲な組織は歴史上類を見ない。国家的な情報機関でさえ、グーグルほどの情報量を扱ったことはない。

　一般的な情報機関は情報の取捨選択を行い、玉石混淆の状態から玉を拾い出すのを業務とするが、グーグルは悪食で、どんな屑情報でも整理せずにはいられない。玉を拾い出すのではなく、屑を集積することによって、玉に換えてきたのがグーグルという企業である。

　つまり、伝統的な情報を扱う企業が無価値な情報をそぎ落とす。たとえば初期のヤフーが有料のウェブページしか検索結果に掲載しなかったのに対して、無価値な情報同士の関係から価値のある意味を発見する、ウェブページであれば全部掲載する、無価値なページからのリンクの多さで優良なページを見出す、といったスタンスをとってきた。

　よほどのひねくれ者でなければ、現在、グーグルがクラウドへ至る道を先頭切って走っていることに同意するだろう。しかし、グーグルはクラウドという用語に対して慎重である。少なくとも、積極的に使うことはない。

　その理由は、彼らにとってクラウドは自明なコンピューターの運用方法であって、取り立てて喧伝

第2課　Google、中国とインドに再挑戦

するものではないことが一つ。喧伝することで有象無象が寄ってきて、彼らにとってのブルーオーシャン（競争者のいない新市場）の季節が短くなることがもう一つだ。

実際クラウドは十分にバズワードとして機能し、すでに十分過ぎるほどの烏合の衆を惹きつけてしまった。グーグルがこの分野で築いた基盤は、ほとんどの企業のチャレンジを退けるだろうが、中にはマイクロソフトやIBMなどの油断のならない相手も混ざっている。クラウドがバズワードになるのが後半年遅かったなら、グーグルのビジネスはもっとやりやすかったかもしれない。

グーグルにとって、クラウドは手段であって、目的ではない。彼らがクラウドを志向するのは、彼らの目的である「情報の整理」が今の一般的なシステム運用方法より容易だからに過ぎない。

コンピューターの歴史

迂遠なようだが、この問題を考えるには、少しコンピューターの歴史を紐解く必要がある。

黎明期において、コンピューターの配置はきわめてシンプルだった。大型のコンピューターが中央に鎮座し、利用者はそれを使う。地理的に離れていれば、手元の端末から大型コンピューターを利用することもあるが、この端末は自ら何かを計算したり記憶したりする機能を持たない。集中処理と呼ばれる形態である。

集中処理では、グーグルが愛してやまないすべての情報は大型コンピューターに保存される。したがって検索技術にさほどの洗練は必要ない。繊細かつ微妙なページランク法も、ダム一個分を食い尽くすほどの電力も不要である。この段階では、グーグルの出る幕はない。

次の段階は端末の高度化である。大型コンピューターに演算処理や記憶が集積されるモデルは効率がいいが、利用者は多数になると処理の画一性が弊害となって現れる。画一的であるが故に高効率、高セキュリティなのだが、利用者一人一人が自分に合わせて変更を加えるような用途には不向きである。

端末の性能向上を、一人一台体制の実現がこの欠点に対する回答だった。各各の利用者が手にしたパソコンは、その名称に違わず、各人に演算能力と記憶能力を提供した。大量に存在する他の利用者への配慮などから開放され、コンピューターの利用は自由になった。

コンピューター利用者にとっては制約からの解放だったが、情報の整理と管理を行いたいものにとって、これは悪夢の始まりだった。

大型コンピューターというバベルの塔が崩壊し、溜め込まれていた知識や記憶は無数のパソコンへと散逸してしまったのである。もちろん、パソコンの手に余る処理や、複数人が連携して行う処理などは比較的大型のコンピューターに集約することがあるが、それに使われるサーバとて、従来の大型機に比べれば圧倒的に小さい。

世界に散らばる情報をすべて整理しようとすれば、必然的に数十億とも数百億とも言われるコンピューターの中身を覗かなければならない。また、覗き方も問題である。それぞれのコンピューターは単独で稼動しているかもしれないし、ネットワークに接続されているとしても、内部をどこまで公開しているかは、コンピューターごとに異なる。

IT日语泛读教程

「全地は、同じ言葉を使い、同じように話していた」

「彼らは一つの民で、一つの言葉を話しているからこのようなことができるのだ。それなら彼らの言葉を混乱させ、互いの言葉が聞き分けられぬようしてしまおう」(旧約聖書、創世記第11章)

個々の情報は断片化されて、難読化したのである。バベル後の世界のように。

この環境で情報を網羅し、整理するのは、風車に挑むキホーテ卿を彷彿とさせるような、ある種の倦怠感を生じさせる行為である。だからこそ限られたごく少数の企業が覇権を競う戦場となったのだ。

すべてをインターネットへ

ウェブに存在する情報を手当たり次第に収集するグーグルのクローラは、荒れ狂う情報の海を泳ぎ切り、関連させ、集約し、覇者になった。だが、グーグルはいつまでもこの非効率なやり方を続けるつもりはない。

分散してしまった情報のありようが検索の効率を下げるのであれば、もう一つにまとめ上げるだけの話である。

ウェブの世界で王座に着いたグーグルは、次のステップに進むために、ゲームのルールを変更する。

彼らが特に気に入らないのは、個人が持つパソコンである。ここに蓄積されている情報は、検索対象にならない。すべての情報を整理？統合したいという野望を持つ者にとっては、我慢のならない混沌そのものである。

それでは無視してしまってよいかというと、そうもいかない。パソコンに眠る資源を結集すれば、全世界の情報量においてかなりの割合を占める。その内容は、第一義的には、帰属する個人にのみ意味がある。すなわち、他のほとんどの人にとっては無価値な情報だ。しかし、そもそもグーグルは屑情報の集積から意味を見出してきた企業である。

出所：『アップル、グーグル、マイクロソフト―クラウド、携帯端末戦争のゆくえ』(光文社2010)岡嶋裕史＝著

第3課

愛情を持ったコンピューターが人間を幸せにする

　コンピューターが自ら感情を持って、自らの意志を持って人間よりもはるかに優れた知恵と知識を持って、自らの意志で動き始めたら、ある意味怖いことでもあります。しかし人々が持つ豊かさだとか、優しさ、愛情というものを、コンピューターに持たすことが、コンピューターの脳を制御するというふうに思うわけであります。「超知性」の実現。超知性というのは、「むしろハートを持たせる。心を持たせる。豊かな優しさ、愛情を持たせるほうが脳型コンピューターにとって正しい進化ではないか」というふうに私は思うわけであります。つまり情報革命で機械的な目的を達するということではなくて、情報革命で超知性の脳型コンピューターは人々を幸せにする、そして。人間が人間を幸せにするように、機械が人間を少し幸せにしはじめてくれているように、超知性のコンピューターが人間をより幸せにするために共存していくというふうに思います。

300年後、平均寿命は200歳に

　本当にそうなのかって、皆さん疑念をもたれるでしょう。300年後にどのように超知性を使って、幸せにやっていくかという例をいくつかあげてみたいと思います。300年前は、一般の人々の平均寿命はたった33歳でした。それが今83歳まできております。これが今から100年後200年後、そして300年後には平均寿命は200歳になる、と思います。そのころになると高齢者というと200歳の人のことをいうわけです。「100歳、まだひよっこだね、若くていいね」というふうに言われる時代がくるというふうに思います。どうやれば平均寿命が200歳になるのか。ちなみに過去300年間、だんだん平均寿命の延びが加速しておりまして、ここ100年間では、10年で3.5歳ずつくらい延びております。そのような寿命の延びを考えると、科学技術、DNAによる治療、人工臓器の一般化というものが

300年以内にはやってくるというふうに思います。DNA治療の一般化が進み、「自分自身の細胞から自分の肝臓を作る。そうすると拒絶反応がない」という治療法が一般化していくと思います。そうすると「人間のパーツを入れ替えて人間は長生きする。心臓を入れ替える。肝臓を入れ替える。そのうちあちこち入れ替える。」と考える人もいるでしょう。やはり、脳が一番大切ですね。脳を入れ替えるのがなかなか難しいですが、平均寿命が200歳くらいになるというふうに私は思います。脳を入れ替えることはできませんが、脳を補強することはできるようになると思います。

脳と脳が通じ合う、テレパシー的通信

　実は人間の脳というのは、人間の手足、いろんなところにある神経と通信をしております。微弱な電流が流れているんです。人間の体の中に、脳にも微弱な電流が流れています。人間の神経というのは、脳が考えて指とか、手足を動かすわけです。これ、通信してるんですね。メタル線だとか光ファイバー線と同じように、人間の体を通信の媒体とみなして、人間の脳から神経に通信しているように、今度は脳からコンピューターのチップに、脳型コンピューターのチップに体を通じて通信をするという時代が、300年以内に必ず生まれるというふうに思います。チップを体にくっつけると、そこのチップと脳が通信しはじめる。チップをどうやってくっつけるか考えてみると、エレキバンのように張り付けるというのも良いでしょう。貼りつけなくても本当は時計でもいいわけですね。ピアスでもいいわけです。「とりあえず人間の体に直接チップが触れると、そのチップと脳が通信をする。そのチップと離れたところにいるチップが無線で通信をする。そのチップと相手の脳が体内通信をする。」そうすると、まるでテレパシーのようなことができます。今までの人がそう呼んでいたことがなんと科学技術で300年以内にできるようになるというふうに私は思います。そうするとチップとチップが無線で通信するようになるので、300年後のソフトバンクは、携帯電話会社ではなく、テレパシー会社といえるかもしれませんね。そのチップとチップが無線で通信しあって、異なった言葉をしゃべっている人間同士が、（例えば、中国語だとか、フランス語だとか、英語だとか、皆さんがしゃべれない言葉を相手がしゃべっていても）、テレパシーのような形の通信で自動翻訳された言葉を交わせる時代も来るでしょう。

脳型コンピューターを搭載したロボットの普及

　犬ともテレパシーできるようになるかもしれません。30年に1回の大ぼらですから、

第3課　愛情を持ったコンピューターが人間を幸せにする

とりあえず言わせてください。その脳型コンピューターのチップが、今度は動くことのできるモーター(つまり、筋肉を持った、人工筋肉、つまり動力)とくっついたら、これはロボットですけども、知恵を持ったロボット、人工知能を持った、脳型コンピューターを搭載したロボットが、300年以内には非常に一般化できるでしょう。そして、その人工知能を持ったロボットは、例えば地震だとかいう災害、危ないところに、「今は救助隊が火事のところとか地震のところに行って、人間が消防士が命をかけて助けるわけですけど。」命をかけて助けなくたって、人工知能をもったロボットコンピューターが危険なところ、瓦礫の中をもぐって(それは必ずしも人間型ロボットではなくて蛇型のにょろにょろのようなロボットが隙間から入っていって)、「おーい、生きてるかー」と叫んで、その相手と通信して助けていくと。あるいは大きな動力を持ってる、でも、単なるショベルカーではなく、喋るカーというぐらいの知能を持ってるかもしれない。家事だとか医療だとかいうものも、単に機械的に手術すると、「痛い、痛い」「我慢しろ」となるわけですが、どうせ診てもらうなら、知能や優しさを持った人工知能のお医者さんのほうがやっぱいいですよね。そういう形で人間に優しく、しかも優れた知能を持って、そして強い筋肉も持っているというような時代が生まれるかもしれません。考えてみると、色んな形の色んな知恵を持った、機能特化型、あるいは万能型、というようなロボットが続々と生まれて、我々の300年後の世界というのは、今見ている景色とは全く違うライフスタイルを過ごしているかもしれません。そのときにロボットを作る会社は必ずしも、自動車メーカーとか、家電メーカーのように、筋肉をつくるのが一番得意な会社が強いとは限らない。筋肉である部品は組立工場でいくらでも作れると。一番難しいのはその筋肉に何を指示するか、何を考えるか、という知恵のところです。しかも、優しさを持ったロボット特に難 しいのです。は。そういう意味では我々ソフトバンクは一貫して情報革命するわけですけども、この脳型コンピューターの継続的な革命、優しさを持った、ハートを持った、愛情を持った、そういうものをこういうロボットに提供していきたいというふうに思うわけですね。新しい知恵が続々と人工知能、脳型コンピューターが生み出していくようになると、新しい発明というものも、新規技術というものも、脳型コンピューターが自ら発明しはじめる。そういう時代も来るかもしれません。

出所：https://logmi.jp/business/articles/39608　孫正義

単語表

自ら①	みずから	自己、亲自、亲身
遥かに①	はるかに	远远地
制御①	せいぎょ	制约
超知性③	ちょうちせい	天才、高智商
共存⓪	きょうそん	共存
疑念⓪	ぎねん	疑虑、怀疑
ひよっこ⓪	ひよこの強調	小鸡、未成熟、幼稚的
ちなみに⓪①		顺便
人工臓器⑤	じんこうぞうき	人工器官
細胞⓪	さいぼう	细胞
肝臓⓪	かんぞう	肝脏
拒絶反応④	きょぜつはんのう	排斥反应
パーツ①⓪	parts	机械零件、部件
補強⓪	ほきょう	增强
テレパシー②	telepathy	心灵感应
微弱⓪	びじゃく	微弱
メタル⓪	metal	金属
光ファイバー④	ひかりfiber	光纤
チップ①	chip	芯片
エレキバン⓪		磁力治疗贴
ピアス①	pierced earrings	耳环、耳钉
モーター①⓪	motor	发动机、马达
救助隊⓪	きゅうじょたい	救援队
瓦礫⓪①	がれき	瓦砾
ショベルカー③④	shovel car	铲车、挖掘机
新規①	しんき	新规章、重新

文型

1. ～ふうに

[解釈] 方法や状態などについて、例を挙げて説明する時に使う。

[例文] ①午前はピアノを弾き、午後は日本語を勉強するというふうに彼は習い事で忙しい。

第3課　愛情を持ったコンピューターが人間を幸せにする

②昼は会社勤め、夜はコンビニでアルバイトするというふうに彼は毎日休む暇もなく働いている。

③今年は日本、来年はスペインというふうに、毎年海外旅行することにした。

2. ～かもしれない

[解釈]～の可能性がある。

[例文]①雨が降るかもしれないから、傘を持っていきましょう。

②ノックをしても返事がない。彼はもう寝てしまったのかもしれない。

③彼の言うことは、あるいは本当かもしれない。

3. 必ずしも～とは限らない

[解釈]ほとんど～と言えるが、例外もある。

[例文]①お酒を飲むことが必ずしも悪いとは限らない。

②日本人でも日本語能力試験のN1に合格するとは限らない。

③彼は格好良いが、性格が良いとは限らない。

注　釈

1. ソフトバンク株式会社

ソフトバンク株式会社(英文社名；SoftBank Corp.)は、ソフトバンクグループ傘下の株式会社で、日本で携帯電話などの無線通信サービス(移動体通信事業者)および長距離・国際通信を提供する日本の大手電気通信事業者。2015年7月1日にソフトバンクモバイル株式会社から商号を変更した。

会社組織上の原点は日本国有鉄道(国鉄)が分割民営化するのに先立ち、1986年に国鉄の鉄道電話事業の継承を目的として設立された鉄道通信株式会社(JR通信)である。その後、1989年に旧国鉄が新電子会社として設立した日本テレコムを吸収合併し、JR通信は日本テレコム(2代目)へ改称した。

1997年からデジタルホン・デジタルツーカーの共通のブランドとしてJ-PHONE(ジェイフォン)を制定。1999年に日産自動車が資本撤退したデジタルツーカーはデジタルホンの地域会社に吸収合併され、2000年に日本テレコムとボーダフォンの出資会社であるジェイフォン株式会社(旧アイエムティ二千企画)がデジタルホンの地域会社を傘下に入れ、吸収合併により1社へ集約した。また、同年11月に国内で初めてカメラ付き携帯電話(J-SH04)を市販化し、キャンペーンの一環として行った「写メール」はジェイフォンの市場占有率を引き上げるきっかけとなった。

しかし、環境の変化によりボーダフォンは2001年10月に日本テレコム株式の過半数を既存株主から買収することに成功したことで、日本テレコムおよびジェイフォンはボーダフォングループとなった。宣伝や端末などにはJ-PHONEとVodafoneを併記したシンボルロゴを即ちに採用。2002年には第3世代移動通信システム(3G)のサービスとしてVodafone Global Standard(のちにVodafone

3G、さらにSoftBank 3G)を開始した。

2003年10月にボーダフォンは日本テレコムホールディングスから会社分割した日本テレコム(3代目)をリップルウッド・ホールディングスへ売却し、翌11月にジェイフォンはボーダフォン株式会社へ社名変更を実施。

2004年7月30日付でソフトバンク(現：ソフトバンクグループ)が日本テレコムを買収。この時点で同社はソフトバンクグループとなった。

ボーダフォン(日本)では、2004年7月は競合他社との料金面での競争激化や通信エリアの不満から新規契約数より解約数が多くなった。

2006年3月、BBモバイルによる携帯電話事業参入を計画していたソフトバンクグループが、英ボーダフォンからボーダフォン株式会社の株式と資産・負債を日本企業として最高額となる1兆7500億円で買収する旨を発表。同年10月1日をもってボーダフォン日本法人はソフトバンクモバイル、日本テレコムはソフトバンクテレコムへ社名を変更した。

日本国内の携帯電話契約数は約3976万契約であり、日本国内の携帯電話市場における市場占有率は3位(2015年9月末現在)。

出所：https://ja.wikipedia.org/wiki/%E3%82%BD%E3%83%95%E3%83%88%E3%83%90%E3%83%B3%E3%82%AF

2. 孫正義（経歴）

孫正義(そんまさよし、손정의、1957年8月11日—)は日本の実業家。ソフトバンクグループの創業者として知られ、ソフトバンクグループ代表取締役会長兼社長やヤフー取締役、スプリント会長、アーム会長、アリババ取締役、福岡ソフトバンクホークス取締役などを務める。自身が創業したソフトバンクグループの筆頭株主。

在日韓国人実業家の二男として佐賀県鳥栖市の朝鮮人集落に出生。4人兄弟であった。いわゆる通名は「安本正義」。孫は佐賀県鳥栖市の朝鮮人集落で幼少期を過ごし、差別も経験する。豚や羊と一緒に生活する非常に貧しく不衛生な場所であったが、「今だから言えるが密造酒も家で作っていた」と佐野眞一のインタビューで述べるとともに、父親の三憲が密造酒製造販売と消費者金融・パチンコ業で大成功し、長じてはパチンコ店数十店舗を所有し、高級車を何台も保有するほどの裕福な時期もあったことも明らかにしている。

高校入学後、司馬遼太郎の小説『竜馬がゆく』を愛読し、脱藩に憧れて渡米を決意し、夏休みを利用して米国カリフォルニア州にて語学研修のため4週間の短期留学。1974年に久留米大学附設高等学校を中退し、渡米(2月)。米国ホーリー・ネームズ・カレッジ(英語版)の英語学校(ESL)に入学。米国サンフランシスコセラモンテ高等学校の2年生に編入。3年生、4年生へと飛び級。高校卒業検定試験に合格したため、高等学校を3週間で退学(10月)。翌1975年に米国ホーリー・ネームズ・カレッジに入学。

第3課　愛情を持ったコンピューターが人間を幸せにする

　1977年にカリフォルニア大学バークレー校経済学部の3年生に編入。さらに1979年、シャープに自動翻訳機を売り込んで得た資金1億円を元手に、米国でソフトウェア開発会社の「Unison World」を設立。インベーダーゲーム機を日本から輸入。結婚。1980年にカリフォルニア大学バークレー校を卒業。学位は、経済学士。日本へ帰国後、会社を設立するために福岡市博多区雑餉隈に事務所を構えた。

　1981年、福岡市博多区に事務所を移し、コンピュータ卸売事業の「ユニソン・ワールド」を、そして福岡県大野城市に「日本ソフトバンク」を設立。1983年における慢性肝炎での入院をきっかけに社長職を退き会長へ。この時、「お金じゃ無い、地位や名誉でもない、ばあちゃんがやっていたような、人に喜んでもらえることに、貢献できたら幸せだ。どこか、名前も知らない、小さな女の子に『ありがとう』と言ってもらえるような、そんな仕事がしたい」と思い、今に至る。「おばあちゃんは、いつも、人さまのお陰だ、と言っていたことから、人を恨んだりしてはいけない」とも語っている。その後、1986年をもって社長職に復帰、パソナの南部靖之、エイチ・アイ・エスの澤田秀雄とともにベンチャー三銃士と称された。1990年をもって日本に帰化。

　1990年、ソフトバンク株式会社に社名変更。

　1994年にソフトバンク株式会社の株式を店頭公開。

　1996年には米ヤフーとソフトバンクの合弁でヤフー株式会社を設立。

　自動翻訳機の売込みで得た資金（1億円）を元手に、米国でソフトウェア開発会社の「Unison World」を設立。日本で、流行していた「スペースインベーダー」を、ブームが沈静化した後に大量に安価で買い取り、アメリカで売り出して大きな利益を得た。

　「日本ソフトバンク」名義の会社を設立したのは1981年（昭和56年）であるが、孫自身は事あるごとに「私は、福岡で、アルバイト社員二人とソフトバンクを始めました」と話している。

出所：https://ja.wikipedia.org/wiki/%E5%AD%AB%E6%AD%A3%E7%BE%A9

世の中から人生最大の悲しみ「孤独」をなくしたい
―孫正義が本当に目指していること

　この新30年ビジョン作るために1年間かけて、そしてソフトバンクグループ全社員2万人が真剣に議論して、全員が自分の意見を出しました。そして多くのTwitterのユーザーからも、いろんな叡智をいただきました。それを今回まとめて、私が代表して次の30年ビジョンというかたちで話をさせていただきます。これが30年ビジョンの中に入っております。3つのパートにわかれています。1つ目のパートは我々の理念であります。何のために、どんなことのために、この事業を行っているのか。この理念が1番目です。2番目がビジョンです。この30年先、どういうような人々のライフスタイルになるのか。そこに対して我々はどう取り組んでいきたいのか。そのビジョン。3つ目のパートが、戦略です。我々がなしたいことをどのようにして行っていくのか、という戦略です。その3つのパートに分かれて今日は話をさせていただきます。今までの僕の人生の中でおそらく今日

が一番大切なスピーチになると思いますし、また30年に1回の大ぼらというのは毎回言えるものではありませんので、私の現役時代の最後の大ぼらである、というふうにご理解いただきたいと思います。ですからちょっと時間は90分を越えるかもしれませんが、ぜひ我慢して聞いていただきたいと思います。

　それではさっそく第1のパート、理念でございます。我々の理念、何のためにこの会社を経営するのかということであります。何を成したいのかということでございます。一言で我々が成したい事をあらわせ、ということであれば、この一行であります。「情報革命で人々を幸せにしたい」。

　結局先ほどのビデオにもありましたように、全社員からこの30年何をどうしていきたいのかというプレゼンをしてもらいましたけれども、本当に私がうれしかったのが、全てのプレゼンの中に、想いとして、人々の幸せに貢献したい、このことが中心に据えられておりました。もちろん上場会社ですし、一般の企業でございますので利益もあげなきゃいけない、新しい製品も出さなきゃいけない、料金競争もしなきゃいけない、というのは今日現在の現実ではあります。しかしその現実のためだけに人生を過ごしたのでは、なんのための人生だ、ということだと思います。

人間の最大の悲しみは、孤独

　「私たちは何を成したいのか」。それは、「情報革命で人々を幸せにしたい」。この1点であります。そこで私はTwitterで多くの皆さんに意見を聞いてみました。「幸せってなんだろう？悲しみってなんだろう？」ということであります。まず「皆さんにとって悲しみってなんでしょうか？」ということをTwitterで聞いてみました。「人生で最も悲しいことは何でしょうか。」ということを一言、私がTwitterでつぶやいた。たったの1日2日で2500を越える意見が寄せられました。すごいですね、Twitterの力というのは。正に人類のさまざまな叡智を集めるというのに非常に適したものだと思いました。

　その声は、実質1日で集まった声は、2500も集まったわけですけども、21％の人々が身近な人の死だ、という答えでありました。自分の家族、自分の愛する人、そういう身近な人の死が自分の人生にとって一番悲しいことだ、という答えでした。14％の人が孤独だと言いました。11％の人が絶望だと答えました。もちろん人それぞれの表現の仕方の違いはありますが、こういうようなものでした。何にも感じなくなること、裏切りだとか、その他にもいっぱいありました。その一番多くの人が答えた身近な人の死ということですけども、これについてちょっと調べてみました。世界の死亡要因のランキングですけども、2008年度で心臓病が一番多く930万人。2番目がガン。3番目が脳卒中。こういうようなものでありました。これがずっと以前は、100年前200年前はもっと違う原因で人々は死んでおりました。

　私たちは情報革命の力で、この一番多くの人が言っている身近な人の死というものを、少しでも長らえることができないか、生命を長らえることができないか、そういうようなことを思っております。悲惨な死というものがいっぱいありますけども、そういうものが少しでも少なくなればいいなあ、というふうに思います。

　2番目は孤独ということであります。一人暮らしの高齢者の方々が、今現在470万人おりますけど

第3課　愛情を持ったコンピューターが人間を幸せにする

も、いまから30年後にはこれが約倍増の800万人になるんではないかというふうに予想されております。独居老人ですと、死んでいくときも誰にも知られないままひっそりと死んでしまうというようなことも、これから増えてくるんではないかと。孤独死というのが、今東京都内だけで年間5000人。誰も知らないままに1人で住んでいて1人で死んでしまったという状況でございます。年間全国だと5万人もの人々がこういう状況だということであります。というように死というものは大変悲しいもので、少しでも死因を減らすことができればなというふうに願っているわけです。2番目が孤独、あるいは絶望ということでしたけども、先ほどの2番目が孤独ということでした。絶望というものをどうやって量ったらいいのか。量り方は難しいんですけども、例えば絶望して自殺をしたと仮定します。自殺をしたという人は、日本は大変世界の中でも最も多い国の一つだと言われております。この自殺の一番大きな、約50％の理由は健康問題だそうです。25％が経済的な問題だということであります。こういうようなことが少しでも減らせるといいなというふうに心から願っております。ということで、悲しみというのは先ほど申し上げたとおり、死だとか孤独だとか絶望だとかいろんなものがあります。でも結局、死も孤独も別の言い方をすると、孤独だということも言えるのではないかというふうに思いますね。やはり身近な人、愛する人が死んでいなくなって自分が孤独感に責められるということ。絶望というのもある意味孤独と表現できるかもしれません。そういう意味では、人生最大の悲しみ、一言で表すとすればこの言葉かもしれません。私たちはこの悲しみを少しでも減らしたい。

喜びを大きくしたい

そしてその逆、喜びを大きくしたい。一人でも多くの人に満面の笑みを浮かべてほしいというのが我々の思いであります。喜びを大きくしたい。人生で最も幸せを感じることってなんだろうということを同じようにTwitterで問いかけてみました。

一瞬で多くの答えが集まったわけですけども、分析してみるとこういうことです。「日々の生活で生きていること。生きているだけで幸せだ。ちょっとした木漏れ日の中で小鳥のさえずりを聞いた。病気をした後に治って、生きていると、ただそれを実感するだけで幸せだ。自己実現、達成感。愛すること愛されること。」他、人によっていろんな表現ありますけども、結構この喜びというのは人それぞれ、千差万別あるなというふうに感じた次第でありました。それらをくくって言うとすれば、生きているということの感動、見る感動、学ぶ感動、遊ぶ感動、出会う、愛し合う、家族とあるいは恋人と愛し合うというようなことを含めて感動だと言えるかもしれません。私たちは一人でも多くの人に大きくの感動を得てほしいなというふうに心から思います。「情報革命で人々を幸せ」に。冒頭から申し上げましたように、このことが唯一つ、我々が成したい事であります。優れた製品をつくる。料金競争をしてお客さんを1人でもたくさん増やす。そういうことが最大の目標ではありません。それらを提供することによって人々が幸せを感じてくれる。悲しみを減らす。そのことが我々がただ一つ成したいことであります。

出所：https://logmi.jp/business/articles/39604

第4課

中国はキャッシュレスから無人サービスへ

　テクノロジーの進化とともに、人々の経済活動は変わっていく。テクノロジーが実現させた「キャッシュレス」「シェアリングエコノミー」「C2C」という新しい経済活動は、人々の日常を変えている。

　そのような新しいテクノロジーは、旧来のようにアメリカだけで生まれているわけではない。インドや中国といった新興国でもテクノロジーによる日常の変化が生まれている。

　3月26日に行われたメルカリによるイベント「Mercari Tech Research Night Vol. 4」では、メルカリのメンバーが実際に現地を訪れて得た気づきを共有した。今回はその内容をレポートする。

上海は無人系サービスが台頭

　まず、中国最大の経済都市である上海について。

　上海では現在 Alipay(支付宝)、WeChat Pay(微信支付)といったアプリを利用したスマホ決済が浸透しており、現金を使う人はほとんどいない。実際、今回のプレゼンのなかでも「スマホがないと何もできない」という言葉を何度か聞いた。

　そして、キャッシュレスな購買体験が当たり前になったことで、上海では「無人レストラン」や「無人カラオケ」といった無人系サービスが徐々に増えていっている。ここで、イベントで紹介されていた3つの例を記しておく。

　例1:無人レストラン

　　　利用の流れ:①QRコードを読み取り注文

　　　　　　　　②アプリ上で決済

第4課　中国はキャッシュレスから無人サービスへ

　　　③スマホ上に表示される暗証番号をロッカーに入力
　　　④商品を受取る

　原則は無人のはずだが、トラブル対応のための数名のスタッフがいた。実際、暗証番号を入力する前にスマホの電源が切れてしまい、商品を受け取れないということがあった。こういった不測の事態は避けられず、完全無人化にはまだ時間がかかりそうだ。

　例2:無人カラオケ

　　　利用の流れ:①QRコードを読み取る

　　　　　　　　②アプリ上で決済

　　　　　　　　③一定時間カラオケを利用する

　電話ボックスのような形をした無人カラオケもある。店員とのコミュニケーションも必要ないので、誰でも気軽に楽しめるのが利点。スーパーの一角に設置されていた。

　例3:無人ゲームセンター

　　　利用の流れ:①QRコードを読み取る

　　　　　　　　②アプリ上で決済

　　　　　　　　③UFOキャッチャーやガチャポンなどのゲームで遊ぶ

　駅の構内などに設置されていることが多かったが、現金を回収する必要がないためセキュリティに関しては気にしなくてもいいのが特徴だ。

　自動販売機だと治安の悪い場所だと壊されて現金を抜き取られることがあることを考えると、「キャッシュレス」は、そのような「襲撃されにくい」という副次的な利点もある。

　こういった無人系サービスは「自販機の進化系」とも言える。キャッシュレス決済の仕組みがあればセキュリティ上の問題がクリアできるため、管理するスタッフが必要ない。すると、場所や規模の制限も受けなくなるので、さまざまなスキマ空間にこの進化系自販機を設置できる。土地の少ない日本では、このようなスキマ空間を有効活用した無人系サービスの活用余地が多いだろう。

　ここで注目しておきたいのが、中国のキャッシュレスシステムは、日本の交通系カードなどとは異なり、スマホでQRコードを読み取ることで支払いを済ませるという点だ。これなら、店側には読み取り機導入のコストがかからないし、利用者はカードを持ち歩いたりスマホにカードを登録したりする手間がない。

本来ならば、いちいちQRコードで読み取る必要のないNFCやFelicaの方が利便性は良いはずなのに、結果的に、ユーザー体験としては劣るQRコードが普及しているのは興味深い。そして、このアプローチの違いが、日本と中国におけるキャッシュレス決済の浸透率の差につながっているのかもしれない。

QRコードの習慣によってARサービスも活用される

また、QRコードを読み取るという行動が日常化しているため、QRコードを活用したサービスが台頭してきているのも特筆すべき点だ。

たとえば、ARだ。QRコードはAR系の技術との親和性が高く、QRコードをかざすように、カメラを空間にかざせばARを体験できる。

実際に上海では「スターバックスの店内で特定のエリアにカメラをかざすとコーヒーに関する解説動画が現れる」「電車内の天井や床に印字されたQRコードを読み取ると曲の試聴ができる」といった、ARを活用したプロモーションが多く行われていた。

また、深圳ではパーキングにもQRコードによるキャッシュレス決済が採用されている。特徴的なのは、読み取り用のQRコードがかなり大きめに印刷されていること。車に乗ったままでも読み取ることができるため、わざわざ支払いシステムに近付く必要がない。

また、シェアバイクなどの利用もQRコードが活用され、QRコードの普及が中国のテクノロジーの進展に寄与しているとも考えられる。

知識への課金サービスの流行

上海では「知識課金」という新たなサービスが浸透してきている。代表的なのが「Zhihu（知乎：チーフー）」や「Fenda（分答：フェンダ）」といったアプリだ。

これらは「ヤフー知恵袋」のような「Q&Aサービス」なのだが、マネタイズの方法が異なっている。

「ヤフー知恵袋」のような無料のサービスは、広告を表示させることによって収入を得ている。一方、上海の知識課金サービスは文字通り、提供される知識そのものに課金がされているのだ。そのため、質問者は、「本当に解答がほしい」質問だけを投稿するため、ノイズが少なく、結果的にそこに集まったQ&Aの質が従来のものより高くなる傾向にある。

また、知識がある人とほしい人をオフラインでマッチングさせる「Zaihang（在行）」とい

第4課　中国はキャッシュレスから無人サービスへ

うサービスも人気を博している。8000人にもおよぶ専門家が登録されており、自分がほしい知識に関するレッスンを受けることができる。他の知識課金アプリでインフルエンサーになった人が、このプラットフォームでオファーを受けるというケースもでてきた。このような知識課金サービスが流行している背景には、給与面でゆとりがある上級層の知識欲求の強さがあるようだ。

また、このような知識課金の流行は、中国の巨大な人口が支えている点も忘れてはならない。「お金を払ってでも質問をしたい」という人の割合は少ない。ただ、13億人の人口を鑑みると、その少ない割合でも事業として回る規模になるのだろう。

出所：https://www.mermirai.com/entry/techresearch

単語表

キャッシュレス①	cashless	不用现金
旧来①	きゅうらい	以往、以前
新興国③	しんこうこく	新兴国家
台頭⓪	たいとう	抬头、兴起
決済①	けっさい	结算、结账
プレゼン⓪	presentationの略	发表（提案或建议等）
コード①	code	规则、符号、编码
ロッカー①	locker	文件柜、存衣柜
不測⓪	ふそく	难以预料的事、不测
襲撃⓪	しゅうげき	袭击
副次的⓪	ふくじてき	次要的、附属的
タグ①	tag	标签、商标、标识
都度①	つど	每当、每逢
会計⓪	かいけい	结账
想定⓪	そうてい	估计、设想
トライアル②	trial	试行、试作
イノベーション③	innovation	革新、刷新、新发明
利便性⓪	りべんせい	便利性
アプローチ③	approach	探讨、靠近
特筆⓪	とくひつ	特别写出、大书特书
かざす⓪②		遮光、举到头上

エリア①	area	区域、角落
印字⓪	いんじ	印字、打字
進展⓪	しんてん	进展
寄与①	きよ	贡献
課金⓪	かきん	收费、计费
マネタイズ③	monetize	货币化
ノイズ①⓪	noise	声音、心声、噪音
オフライン③	off line	线下、脱机
マッチング⓪	matching	匹配
人気を博す	にんきをはくす	博得人气
インフルエンサー⑤	influencer	具有号召力的人或事
オファー①	offer	报价、通知单

文 型

1. 〜とともに

[解釈] 一方の動作・変化に応じて別の動作・変化が起こるという意味や、二つのことが同時に起こるという意味を表す。

[例文] ①国の経済力の発展とともに、国民の生活も豊かになった。
②年をと取るともに記憶力が衰えてきた。
③地震の発生とともに津波が発生することがある。

2. 〜はずだ

[意味] 話し手の判断。

[例文] ①あれから3年経ったのだから、あの子も今年卒業のはずだ。
②あいつは知っているはずなのに、知らないふりをしている。
③日本に十年もいたのか。日本語がうまいはずだ。

3. 〜にくい

[解釈] 動詞の連用形に付いて、その動作の実現がむずかしいことを表す。容易に…できない。

[例文] ①鈴木先生の授業は分かりにくいです。
②その文章は読みにくいです。
③この薬は飲みにくい。

4. 〜べき

[解釈] 「…するのが当然だ」「…するのが正しい」「しなければならない」という意味。

[例文] ①学生は勉強すべきだ。

第4課　中国はキャッシュレスから無人サービスへ

　　②この仕事は君がやるべきだ。
　　③会社の電話で私用の電話をするべきではない。

5．～とおり
［解釈］～ように。～とまったく同じに。
［例文］①宣伝どおり、この映画はなかなかの傑作だ。
　　②私の言ったとおりにやってみてください。
　　③自分の気持ちを思いどおりに書くことは、簡単そうに見えて難しい。

6．～てはならない
［意味］禁止する意を表す。
［例文］①一度や二度の失敗で諦めてはならない。
　　②警察が来るまで、誰もここに入ってはならないそうだ。
　　③ここで見たり聞いたりしたことは決して話してはならないと言われた。

注　釈

1．シェアリングエコノミー（sharing economy）
　物・サービス・場所などを、多くの人と共有・交換して利用する社会的な仕組み。自動車を個人や会社で共有するカーシェアリングをはじめ、ソーシャルメディアを活用して、個人間の貸し借りを仲介するさまざまなシェアリングサービスが登場している。乗り物、住居、家具、服など、個人所有の資産等を他人に貸し出しをする、あるいは、貸し出しを仲介するサービスを指す。近年、欲しいものを購入するのではなく、必要なときに借りればよい、他人と共有すればよいという考えを持つ人やニーズが増えており、そのような人々と、所有物を提供したい人々を引き合わせるインターネット上のサービスが注目を集めている。
　出所：https://kotobank.jp/word/％E3％82％B7％E3％82％A7％E3％82％A2％E3％83％AA％E3％83％B3％E3％82％B0％E3％82％A8％E3％82％B3％E3％83％8E％E3％83％9F％E3％83％BC-1720825

2．QRとAR
　QRコード（キューアールコード）は、1994年にデンソーの開発部門（現在は分離しデンソーウェーブ）が開発したマトリックス型二次元コードであります。
　ARとは「Augmented Reality」の頭文字をとったものになります。
　両者ともにアルファベット2文字でその2文字目が「R」であることから、以前から存在していたQRの進化版のようにARを認識されがちですが、語源をみてわかる通り、全く別のものとして区別すべきものだということがわかります。
　QRはQRコードを読み取ることにより、該当する情報を文字列として受け取ることができます。例えば、QRコードにかざすとWEBサイトを表示するという仕掛けは、QRコードにホームページの

掲載内容が記録されていて表示されるのではなく、単にホームページのアドレス（文字列）を返し、あとはブラウザが任され表示しているということになります。

つまり文字情報を伝達するための技術であるといえます。

出所：https://ja.wikipedia.org/wiki/QR％E3％82％B3％E3％83％BC％E3％83％89

3. NFCとFelica

NFCとは「Near Field Communication」の略で、日本では「近距離無線通信」などと訳されています。

名前にあるとおり、二つの機器間で無線通信をおこなうための技術です。近距離というのは、だいたい10センチ、もしくは触れるか触れないかくらいの距離になります。

日本に存在する電子マネーや交通系ICカードなどのほとんどに搭載されているFeliCa（フェリカ）。この「非接触型」のICチップ技術であるFeliCaは処理速度が速く、駅の改札でも大きな渋滞を起こすことなくスムーズな人の出入りがおこなえるようになっています。

出所：https://www.sony.co.jp/Products/felica/NFC/

読み物

2019～2020年度：ウェアラブル決済、手ぶら決済のインフラ整備

多くの人が普段持ち歩いているスマホで決済できるのは、確かに便利である。しかし、当然ながら、スマホを持ち歩いていることが前提であり、ジョギング中のように、スマホさえも持ちたくないシーンには適さない。

こうしたシーンを想定して登場しつつある決済手段もある。ウェアラブル端末のように、消費者が普段身につけているものへの決済機能の搭載である。たとえば、リストバンド型のウェラブル端末（活動量計）メーカーであるJawbone社は、2015年4月にアメリカン・エキスプレス（アメックス）と提携し、NFCチップの搭載により決済機能を持たせたウェアラブル端末「UP4」を発表した。UP4を手首に装着していれば、店頭の読み取り端末にかざすだけで、決済が完了する。財布やスマホを持たずに、UP4だけを手首に装着してジョギングに出かけ、帰りにコンビニで飲み物を購入して帰るといったことが可能になる。

ウェアラブル端末は誰もが所有しているものではないが、一部のユーザーにとっては、利用シーンに合わせて、クレジットカードやスマホ、ウェアラブル端末など、最適な決済手段を選択できるようになるだろう。

決済端末の軽量化に向けた流れは、これだけでは終わらない。ウェアラブル端末の先にある決済手段としては、何も身につける必要のない「手ぶら決済」がある。現在のところ、「手ぶら決済」の実現手段としては、ライフスタイル認証のほか、顔や指紋などの生体情報を利用した決済手段の実用化が近い。

たとえば、指紋認証技術を手がける国内のスタートアップ企業Liquidが提供する「Liquid Pay」で

第4課　中国はキャッシュレスから無人サービスへ

は、はじめに指紋読み取り装置に指をかざしてユーザーの指紋データを登録する。同時にクレジットカード情報などの決済手段も登録しておく。すると、2回目以降は指紋でデータを呼び出すだけで決済が完了するという仕組みである。従来の指紋認証は、指紋の照合に時間を要していた。しかし、同社が人工知能技術を使って独自に開発したシステムでは、認証時間0.05秒と高速化を実現したほか、誤認リスクも1兆分の1と精度も飛躍的に向上している。

2016年に同社は、神奈川県の湯河原温泉、神奈川県鎌倉市由比ガ浜で開かれた「砂浜のフェス」、栃木県宇都宮市内のスポーツクラブなどで実証実験を行った。いずれも手ぶら決済と相性が良い場所である。

まだ実験段階の域は出ないものの、2020年ごろには、プールや海水浴場のように、現金やカード、スマホの持ち歩きが不向きな場所を中心に導入が進んでいる可能性がある。

また、キャッシュレス化を促進するインフラ整備も進む。東京オリンピック・パラリンピックが開催される2020年は、多数の外国人観光客が日本を訪れると予想される。こうした訪日外国人観光客の円滑な消費活動を支えるため、クレジットカード決済端末の導入が加速し、クレジットカードを利用できる店舗は都市部だけでなく、観光地や地方など、日本の隅々にまで広がっていくと予想される。

同時に、発行クレジットカードのIC化、クレジットカード決済端末のIC対応100％も実現する。すなわち、磁気ストライプカードを使用し、利用者にサインしてもらう方式から、ICチップが埋め込まれたカードを使用し、4桁のPIN番号を入力してもらう「Chip&PIN(チップ&ピン)」方式への移行が完了することになる。

2021年度以降：手ぶら決済の本格始動

このころには、東京オリンピック・パラリンピックの開催を目処に整備が進められてきたクレジットカード決済端末などのインフラ整備が一段落し、キャッシュレス化社会の実現に向けた下地は十分に整っているだろう。

また、首都圏の大型店舗や遊園地、プールなどでは、ウェアラブル決済や指紋認証などの生体情報を利用した決済が普及しているだろう。ユーザーはスマホ決済に加えて、さまざまな決済手段の中から利用シーンに合わせた便利な決済手段を選択できるようになる。

一方、Amazon Goのようにレジがない小売店舗やライフスタイル認証を用いた手ぶら決済を導入する企業も少しずつ増加すると予測され、決済にまつわる顧客のイライラを解消することで、購買体験の飛躍的な向上に成功する企業も登場するだろう。

出所：ITロードマップ2017年版（野村総合研究所　デジタルビジネス開発部）

第 5 課

VR（仮想現実）・AR（拡張現実）：デバイスの進化、プラットフォームの共通化で市場が拡大

　2016年は「VR元年」と多くのメディアで解説されたほど、VR（Virtual Reality：仮想現実）への関心が集まった。

　2014年に大手SNSのフェイスブックが突如買収して話題になったVRデバイスベンチャーのオキュラス社が、製品版のVRヘッドセット「Oculus Rift」を、2016年3月に市場投入した。さらに、10月にはソニー・インタラクティブエンターテインメントがゲーム機「PlayStation 4」の周辺機器としてVRヘッドセット「PlayStation VR」を一般のゲーム愛好者向けに販売を開始した。発売に先立ち、日本全国の家電量販店などで体験スペースが設置されたため、ゲーム愛好家だけでなく、一般の生活者の目に触れる機会が増えた。

　これによって、これまで非常に高価な専用機材を必要としていたため、一部の研究機関や医療、軍事用途などでしか利用されてこなかったVRが、一般の生活者でも体験可能になりつつある。

VR（仮想現実）とは何か

　VRとは、コンピューター・グラフィックス（CG）によって、あたかも仮想的環境の中に実際に入り込んでいるように人間に感じさせる技術である。

　一般に、人間の水平方向視野角は120度といわれており、この範囲を「FOV（Field of View）」と呼ぶ。VRヘッドセットは視野上にCGによって描画された光景を表示するが、この視野が100度を超えると人間はあたかもその光景の中にいるような感覚に襲われるという。これを『没入感』と表現し、それが高いリアリティを与え、目の前の『画像を見ている』のではなく、『その空間に（自分が）いる』と錯覚させる。

第5課　VR（仮想現実）・AR（拡張現実）：デバイスの進化、プラットフォームの共通化で市場が拡大

　VRの概念自体は新しいものではないが、これまでは非常に大掛かりなディスプレイや、CG画像を投射する専用の部屋を必要としていた。現在注目を集めているVRデバイスは、小型のディスプレイが埋め込まれた箱型のヘッドセットを頭部に装着するタイプのため、一般生活者が自宅などで気軽に利用できる。

　この背景にあるのは、スマートフォンやPC・ゲーム専用機の性能向上だ。スマートフォンのディスプレイは年々、高精細化が進んでいる。たとえば、iPhone4以降のiPhoneには、人間の網膜では見分けがつかない精密度を持つ「Retinaディスプレイ」が搭載されており、4～6インチ程度のディスプレイでも非常に精緻な画像表示が可能となっている。スマートフォンの普及によって、このような高精細小型ディスプレイが安価に大量供給されるようになり、VR用のヘッドセットにも低コストで転用できるようになったのである。

　また、リアリティの高いVR画像を生成するためには、高精細画像を生成できるコンピューターのグラフィックス性能も必要になる。3D描画が可能なVRヘッドセットは、左右の眼に視差分をずらした画像を描画したり、レンズを通して見ることによって生じる画像のゆがみを補正し続ける必要があり、常に画像処理計算が発生するからである。したがって、画像処理を担うPCのGPUボードには高い性能が求められる。

　昨今では、グラフィックスボードの性能は大幅に向上しており、たとえば、PlayStation 4 Proでは4K画質でプレイ可能なゲームが登場している。

　ここにきて一般の生活者でもVRヘッドセットが入手可能になったのは、スマートフォンの高精細小型ディスプレイがVRデバイスに転用されるようになり、以前よりも低価格で製造・販売できるようになったこと、PC・ゲーム専用機のGPUの画像処理性能の向上が大きい。

AR（拡張現実）とは何か

　VRだけではなく、AR（Augmented Reality：拡張現実）の進化も始まっている。ARは視界が完全に遮蔽されるVRと異なり、利用者の視界に情報を重ねて現実を『拡張』する。『仮想世界』を重視するVRに対し、ARは『現実世界』を重視しており、利用者の現実世界での行動や認知を支援することに主眼が置かれている。

　ARを謳うデバイスやアプリケーションは、これまでも存在した。たとえば、スマートフォン向けのARアプリケーションでは、スマートフォンのカメラでQRコード（2次元バ

ーコード)などの『マーカー』を読み取ることによってカメラが何を捉えているか、どのような場所で何を見ているかを判断して情報を表示する、ということを実現していた。また、ARデバイスとしては、グーグルが2013年から2015年まで開発者向けに販売していた「グーグルグラス」がある。グーグルグラスでは、視線の片隅にメールや株価、天気予報などの簡単な情報を表示できるようになっていた。

一方、これから登場するARデバイスは、人間がデバイスにマーカーをわざわざ確認させなくても、センサーと画像認識技術によって現実世界を高精度に自動認識できるようになる。

たとえば、グーグルのAR技術「Project Tango」を実装したファブレット「Lenovo PHAB2 Pro」では、3種類4台ものカメラを搭載しており、通常のスマートフォンよりも高精度で外界を認識できる。1つは通常のカメラで、残りの2つは「深度カメラ」とモーショントラッキング用のカメラである。ステレオレンズから構成される深度カメラは、周囲にある物体までの実際の距離を把握できる。一方のモーショントラッキング用カメラは、現実世界の中でどのようにデバイスが移動しているかを認識する。

このように、進化したARデバイスはQRコードなどのマーカーに頼ることなく、現実世界の物体の大きさや距離を認識し、現実世界に応じた情報の付加を実現できる。

たとえば、建物の構造を認識して屋内ナビゲーションを行ったり、床や壁の存在を理解したうえで仮想の家具を部屋にぴったりと配置するなど、より高度な現実の拡張が可能になる。

VRとARの違い

VRとARはどちらも新たな視覚体験を作り出すデバイスであり、形状が似ていることもあり混同されがちであるが、機能や用途はまったく異なる。

VRは、視線をさえぎった空間内にリアリティの高いコンピューター・グラフィックスを映し出す。ユーザーはそこで、"実際に行ったことのない場所や出会ったことのない状況"など、現実にはできないことを体験できる。このような特性を生かし、ゲームや旅行の疑似体験などのエンターテインメント、臨場感を伴った教育、製品のシミュレーションなどに用いられることが多い。

一方、ARはヘッドマウントディスプレイやスマートフォンのカメラを通じて、現実世界

第5課　VR（仮想現実）・AR（拡張現実）：デバイスの進化、プラットフォームの共通化で市場が拡大

が見える。ARにおけるコンピューター・グラフィックスは、現実世界に付加的な情報を重ね合わせたり、現実世界にはない効果を付与するために補助的に用いられる。そのため、工場や医療現場などのように手が離せない作業を行うシーンでの活用が有望視されている。作業を行いつつ、マニュアルの確認や指示内容の参照ができることによって、生産性の向上が期待できる作業支援の領域である。

出所：ITロードマップ2017年版（野村総合研究所　デジタルビジネス開発部）

単語表

単語	読み/英語	意味
デバイス⓪	device	装置、设备、机器
プラットフォーム⑤	platform	平台、工作台
突如①⓪	とつじょ	突然
ベンチャー①	venture	风险、投机
グラフィックス③②	graphics	图像
没入感③	ぼつにゅうかん	沉浸感
リアリティ②	reality	真实感、现实感
錯覚⓪	さっかく	错觉
大掛かり③	おおがかり	大规模
ディスプレイ①④	display	显示器、展出、展品
投射⓪	とうしゃ	投影、投射
装着⓪	そうちゃく	安装、装上
網膜①⓪	もうまく	视网膜
遮蔽⓪	しゃへい	遮掩、掩蔽
主眼⓪①	しゅがん	主要目标、主要着眼点
謳う⓪	うたう	讴歌
マーカー⓪	marker	标记、位置标识
片隅⓪③	かたすみ	角落
センサー①	sensor	感知器、传感器、灵敏元件
ファブレット①	phablet	smartphone＋tablet 略語
モーション①	motion	动作
トラッキング⓪	tracking	移动（或跟踪）摄影
ナビゲーション③	navigation	导航
形状⓪	けいじょう	形状
遮る③	さえぎる	遮掩

臨場感③	りんじょうかん	临场感
シミュレーション③	simulation	模拟、仿真

文　型

1．～に先立ち
[解釈]～のまえに。まっさきに～。先頭に立って。
[例文]①試験開始に先立ち、注意事項を説明する。
　　　②首相来日に先立ち、事務次官レベルの事前協議が始まった。
　　　③実験に先立ち、入念なチェックを行った。

2．～つつある
[解釈]物事が進行中であることを表す。
[例文]①地球は温暖化しつつある。
　　　②日本でも失業者が増えつつある。
　　　③手術以来、彼の体は順調に回復しつつある。

3．あたかも～ようだ
[解釈]まるで～ようだ。
[例文]①日差しが暖かであたかも春のようだ。
　　　②あたかも赤ちゃんのような顔をして寝ている。
　　　③ここにいると、あたかも森の中にいるように感じられる。

4．～に応じて
[解釈]～に合わせた。
[例文]①寒暖差に応じた服装を心がける。
　　　②お客様のニーズに応じた商品開発が必要だ。
　　　③能力に応じて、学生を三つの組に分ける。

5．～た上で
[解釈]～した後で、それに基づいて次の動作をする。
[例文]①詳しいことはお目にかかった上で、説明いたします。
　　　②どの大学を受験するか、両親と相談した上で、決めます。
　　　③これは一晩考えた上での決心だから、気持ちが変わることはない。

6．～つつ
[解釈]同一の主体が一つの行為を行いながら、同時にもう一つの行為をすることを表す。
[例文]①この企業は伝統を守りつつ、最新技術を採用している。
　　　②電話しつつ運転するのは危険だ。
　　　③夜、ウイスキーを味わいつつ、気に入った推理小説を読むひとときは最高である。

第5課　VR(仮想現実)・AR(拡張現実):デバイスの進化、プラットフォームの共通化で市場が拡大

📢 注　釈

1. Oculus Rift

　Rift(リフト)は、Oculus社が開発・発売しているバーチャルリアリティ向けヘッドマウントディスプレイ。製品名自体はRiftであるが、Oculus Rift(オキュラス・リフト)、あるいは単にOculus(オキュラス)として表記されることが多々ある。

出所:https://ja.wikipedia.org/wiki/Oculus_Rift

2. ソニー・インタラクティブ・エンターテインメント

　Sony Interactive Entertainment LLC(本社)。

　事業内容:「プレイステーション」に関するハードウェア、ソフトウェア、コンテンツ、ネットワークサービスの企画、開発、販売。

出所:https://www.sie.com/corporate.html

3. FOV

　Field of View。リニア視野角のこと。これにより、水平線を、より自然な視点で撮影する。このモードでは、GoProの広角レンズで撮影される通常のたる形ひずみ(魚眼効果)を、画像の品質を落とすことなく取り除く。

出所:https://go-with-gopro.com/record/recording-basic/fov/♯FOV

4. GPU

　GPU(Graphics Processing Unit)とは、3Dグラフィックスの表示に必要な計算処理を行う半導体チップ。従来3Dグラフィックスアクセラレータと呼ばれていたチップの発展形で、3Dグラフィックスアクセラレータと比べて担当する処理が多くなっている。

出所:https://ja.wikipedia.org/wiki/Graphics_Processing_Unit

5. QRコード

　QRコード(Quick Response Code)とは、様々な情報(住所、電話番号など)をエンコードするための新型バーコード。特別なスキャナーを使ってQRコードの情報を高速に読み取ることができる。携帯電話は特殊なモバイルアプリでQRコードを読み取り、エンコードした情報のタイプによって行動する。たとえば、URLの場合は、ブラウザで当該サイトのアドレスに移動するが、テキストやイメージの場合は、それを画面に表示する。

出所:https://help.mob.gr.jp/post/776/

6. グーグルグラス

　グーグルグラスとはGoogleが開発したヘッドマウントディスプレイ(HMD)方式の拡張現実ウェアラブル・コンピューター。

　拡張現実(Augmented Reality、AR)とは人間から見た現実世界をコンピュータにより拡張する

技術、または拡張された現実環境そのものを指す。

　ウェアラブル・コンピューター（wearable computer）とは、身につけて持ち歩くことが可能なコンピューターのこと。

出所：https://ja.wikipedia.org/wiki/Google_Glass

7. Project Tango

　Project Tango 端末には、RGBカメラ、深度カメラ、魚眼レンズと、加速度計にジャイロスコープも搭載され、ユーザー周辺の空間を素早くマッピングできる。それによっていろいろなAR（拡張現実）アプリが使える。

出所：https://www.gizmodo.jp/2016/01/cesproject_tango.html

読み物

中国のネットの巨人もAR・VR普及に試行錯誤

　来年の中国ITにおいてどんなサービスが台頭するかという質問に対して、無数のスタートアップ企業の候補を出すことはできるが、はっきりこれと答えるのは難しい。ここ数年の中国ITの代名詞たるシェアサイクルや電子決済だって出るまでは今日の様子を想像することすらできなかった。

　中国IT大手のBATJこと百度（バイドゥ）、阿里巴巴（アリババ）、騰訊（テンセント）、京東（ジンドン）なら、スタートアップ企業より資金面で潤沢であり、本気で普及させようと思えば資金を投入してある程度のごり押しができるし、してきた。だがVRやARは利用者のハードルが高いのか、新サービスに対して満足感というか、継続して使いたくなる気持ちが高ぶらないというのだろうか、ユーザーは食いつかずなかなか普及しない。

　いや、スマートフォン用のVRゴーグルについては2016年前半には安価でばらまかれ、ある程度欲しい人には回り、多少関心も持たれた。しかし検索数の傾向を示す「百度指数」によれば、その後一気に関心は引いていったことがわかる。PC用VR体験店が中国全土のショッピングモールにできたが、誰も利用していない店舗を見ることがよくあり、どうも人気という感じはしない。かつて最新テクノロジーに食いついてきた中国人を見てきた身としては、どうも消費者の反応は鈍いように見えてならない。

　一方、企業側の機器やコンテンツの研究開発は続いている。12月上旬に浙江省烏鎮で開催された世界互聯網大会では、テンセントをはじめとした企業が関連機器やコンテンツをお披露目した。コンテンツについては、テンセントが中国国内外の博物館や美術館などにある文物をデジタル化し、VRやARで表現しようとする「VR博物館データベース」を展示した。VRを活用したゲームも開発されているが、いわく「どれも既視感がある」とはユーザーの声。

　ARはどうかというと、今月にはテンセントの学生層に人気のチャットアプリ「QQ」のAR識別機能に対応した英語の教科書が発表されている。支付宝（アリペイ）をリリースするアリババ系のア

第 5 課　VR（仮想現実）・AR（拡張現実）：デバイスの進化、プラットフォームの共通化で市場が拡大

ントフィナンシャルは今年の年初に、春節期間にポケモンGoのようなARを活用してお年玉ポチ袋を探すという「実景紅包機能」を追加したものの、用した人はあまり聞くことなく、7月にサービスを終了した。

　ECとVRを融合するとは言い続けてきているし、今後の目標にも挙げているが、口コミとして広がりそうな利用者の声は聞こえない。ARは子供向けの教育コンテンツだけは商品としてしばしば見るが、そこから抜け出していない感じがする。

　コネクテッドカーの研究を進めているアリババは、その関連会社から2018年を目途に車載ARナビゲーション兼エンタメシステムのリリースを目指す。アリババは今年ホログラフィックARディスプレイのWayRayに1800万ドルの投資を行うことを発表した。これにより、アリババと中国自動車メーカー「上海汽車」との合資企業「斑馬科技」とWayRayが提携して開発を進めるとのこと。

　アリババとテンセントはまた、それぞれがチャットとARの融合を試みている。自分のアバターとなるキャラクターをARで表示し、それでチャット相手とスタンプを送り合うように様々な互いのアクションを出し合うというものだ。テンセントは自社のチャットサービス「微信（WeChat）」の拡張機能的なアプリ「微信電話本」でアバターによるARチャット機能を搭載。スマートフォンのカメラで撮影し、デフォルメされたアバターを作り出す。またアリババも中国各地のショッピングモールに3Dスキャナーを設置し、自身のアバターを作ってもらい、ネットサービスで活用してもらうという計画を考えている。

出所：https://japan.zdnet.com/article/35111814/

第6課

デザインも操作性もパソコンはさらに進化する

　ビジネスではもはや欠かせないツールとなったパソコンだが、プライベートでは存在感が薄れている印象も強い。性能は劇的に進化しているが、ユーザーが求めるニーズが変化したことにより、スマホやタブレットに主役の座を奪われているとも指摘される。その座を取り戻すべく、今後パソコンがどのように進化するのかが注目されている。
　2017年2月に開催された、富士通クライアントコンピューティングのイベント「『FCCLの匠』体験会」で、その一端を垣間見ることができた。同イベントでは、パソコンのコンセプトモデルを公開。使いやすさを徹底して追求したライトユーザー向けのモデル、斬新な発想を取り入れたクリエーター向けのモデルなど、特定のターゲットに絞った製品が披露された。
　ユニークなのは、学生とコラボして考案されたキューブ型デバイス。プロジェクターや投影型のキーボードを組み合わせてどこでもみんなで使え、用途や状況に合わせて手軽にデバイスを追加したりもできる。ほかにも、壁がけ鏡がディスプレイになるモデルや、ボディーに革や木目調をあしらったモデルなど、近未来のパソコンの姿を想像させる製品が多数展示された。
　一方で、パソコンの利用シーンをガラリと変える可能性を秘めているのがAI技術との連携だ。高い処理性能を持つパソコンを家庭内のハブとすることで、ホームネットワークに接続された機器を管理したり操作したりするデモが実演された。IoT時代を見据えた進化で、近い将来、パソコンがデバイスからパートナーになる日が来ることを想像させる。
　2015年7月12日から16日にドイツで開かれるInternational Supercomputing Conference2015で今年上半期のスーパーコンピュータのランキングTop500が発表さ

第6課　デザインも操作性もパソコンはさらに進化する

れる。

　前回の1位(2014年11月)天河2号が1位をキープするのか、それとも新しいスーパーコンピュータが首位を獲得するのか。私は、世界のスーパーコンピュータの現状を考えると、今回も天河2号が1位になるのではないかと予想している。しかし、この半年でランキング自体がどのように変化するのか私も楽しみにしている。

　また、Top 500と同時に発表されるGreen500も気になるところである。Green500は電力対性能のランキングで、前回のGreen500では日本のベンチャー企業PEZY Computingとその関連会社ExaScalerのシステムSuiren(睡蓮)がいきなり世界2位になった。大学などの支援を受けていたそうですが、両社合わせてわずか20名でそんなとんでもないことを成し遂げた。現在も改良を続けているみたいなので、今回のGreen500では1位になるかもしれない。期待が高まる。

　これほどの性能向上の背景には、様々な技術の進歩がある。

　まず、第一に挙げられるのは、半導体の微細化技術である。端的に言えば、半導体で作られている機器をより小型化する技術である。微細化技術が発展したことで、物理的に同じ面積のチップ上に非常に多くのトランジスタを載せることができるようになった。

　その結果、メモリーの容量は増加し、CPU設計の幅も拡がった。また、CPUの動作周波数の向上にも貢献した。

　2000年代に入ると半導体の微細化が進み、CPUの消費電力や発熱が無視できなくなると、CPUはインテルのIntel Coreシリーズの様にマルチコア化へと方向転換して性能向上を図ってきた。この流れは、皆様がお使いになっているパソコンのCPUでも同じことが言える。

　一方、スーパーコンピュータではCPUの性能向上だけでなく、通信性能も重要な要素となる。

　スーパーコンピュータは、複数のCPUを搭載したサーバーを連結して構成されている。なので、CPUだけが高速になっても、このサーバー間の通信が遅ければ、スーパーコンピュータ全体の性能は向上しない。そのため、高速な通信方法と通信効率のよい接続方法がスーパーコンピュータで採用されている。昔の通信方法は単純に電線を撚り合わせたツイストペアケーブルだったが、現在では高速な光ファイバーが利用されている。

何百何千もあるサーバー間の接続方法は、通信効率を向上させるために、様々な方法が研究され、実用化されている。

スーパーコンピュータ内はCPU間またはサーバー間で頻繁にデータの送受信が行われている。さらに、そのデータ送受信は何千以上も同時に行われる。となると、どの経路が最短なのか？どの経路は今使われているのか？が問題となる。また、転送中のデータが行方不明にならないように信頼性も保証しなければならない。

出所：「日経 PC21」2017 年 5 月号

単語表

もはや①		事到如今、已经、早就
ツール⓪	tool	工具、道具
プライベート④②	private	个人的、私人的
劇的⓪	げきてき	戏剧性的、扣人心弦的
ユーザー⓪	user	用户
ニーズ①	needs	需求、需要、必要
スマホ⓪	smart phoneの略語	智能手机
タブレット①③	tablet	平板电脑
クライアント②⓪	client	顾客、委托人、广告主
コンピューティング③	computing	计算
イベント⓪	event	集会、（文娱）活动、比赛
垣間見る④	かいまみる	偷窥、偷看
コンセプト①③	concept	概念、思想、观念
モデル①⓪	model	模型、样品、模特
ライトユーザー④	light user	低需求用户
クリエーター③	creator	创造者、设立者、造物主
ターゲット①	target	目标、指标
ユニーク②	unique	独特、独一无二
コラボ①	collaborationの略語	合作、共同打造
キーボード③	keyboard	键盘
ボディー①	body	机壳、物体、底盘、正文
木目⓪	きめ・もくめ	木纹、木理
あしらう③		招待、应付、操纵、配合

第6課　デザインも操作性もパソコンはさらに進化する

シーン①	scene	场景、场面
AI	Artificial Intelligence	人工智能技术
ハブ①	hub	集线器、中心
ホームネットワーク⑦	home network	主网络
デモ①	demonstrationの略語	实证、展示、示威、表演
IoT	Internet of Things	物联网
見据える⓪③	みすえる	看清、看准、定睛而视
ランキング①⓪	ranking	排名、顺序、名次
キープ①	keep	保持、确保
半導体⓪	はんどうたい	半导体
微細化⓪	びさいか	微细化
トランジスター④	transistor	晶体管、电子器件
メモリー①⓪	memory	存储装置、回忆、记忆
CPU	Central Processing Unit	中央处理器
インテル①	intel	英特尔、铅条
コア①	core	核心、铁芯、磁芯
シリーズ①②	series	系列
マルチ①	multi	各种各样、复数
サーバー①⓪	server	服务器
撚り合わせる⑥	よりあわせる	绞合、捻到一起
ツイストペアケーブル⑦	twisted pair cable	旋转电缆、扭线电缆
行方不明④	ゆくえふめい	行踪不明

📢 文型

1. もはや～だ

［解釈］今となっては。もう。すでに。

［例文］①もはや時代遅れだ。

②少し前までは車を持つことが庶民の夢だったが、もはや一家に車二台の時代だ。

③地球の自然環境の悪化はもはや無視できないところまで来ている。

2. ～べく

［解釈］するために。しようとして。

［例文］①アメリカへ留学するべく貯金をしている。

②彼を見舞うべく病院へ行った。

③歌手になるべく歌のレッスンに通っている。

3．〜やすい

[解釈]…するのが容易だ、…するのが簡単だ、などの意を表す。

[例文]①このペンはとても書きやすい。

②その町は物価も安くて、人も親切で住みやすいところです。

③そのおもちゃは壊れやすくて危ない。

注　釈

1．International Supercomputing Conference

インターナショナル・スーパーコンピューティング・カンファレンス（国際スーパーコンピューティング会議：ISC）は、1986年より毎年ヨーロッパで開催されているスーパーコンピューティングの国際会議。

出所：https://ja.wikipedia.org/wiki/International_Supercomputing_Conference

2．IoT：Internet of Things

あらゆる物がインターネットを通じてつながることによって実現する新たなサービス、ビジネスモデル、またはそれを可能とする要素技術の総称。従来のパソコン、サーバー、携帯電話、スマートホンのほか、ICタグ、ユビキタス、組み込みシステム、各種センサーや送受信装置などが相互に情報をやりとりできるようになり、新たなネットワーク社会が実現すると期待されている。

出所：https://dictionary.goo.ne.jp/jn/255747/meaning/m0u/

3．天河2号

スーパーコンピューター（スパコン）は軍事や医療、気候変動のシュミレーションなどに利用され、日本や米国、中国で開発競争が展開されている。中国のスパコン「天河2号」は処理速度についての性能をランク化した「TOP500」で2013年6月より世界1位の座を保持し続けている。

中国メディアの西安晩報によれば、15年11月版の「TOP500」がこのほど発表され、「天河2号」が6連覇を果たした。さらに、「TOP500」にランクインした中国のスパコンの数が急増する一方で、米国のスパコンは数を減らした。

記事は、「天河2号」の計算速度は毎秒33.86ペタフロップスに達したことを紹介。フロップスとはコンピューターの処理能力の単位であり、1秒間あたりに実行できる浮動小数点演算回数を示す。「天河2号」の計算速度である33.86ペタフロップスは1秒間に3京3860兆回の計算が可能ということだ。

出所：https://www.excite.co.jp/news/article/Searchina_20151118023/

4．PEZY Computing

PEZY Computing（日：ペジーコンピューティング）は、主に独自のコンピューターアーキテクチャ

第6課　デザインも操作性もパソコンはさらに進化する

ーのCPUの開発研究開発および設計を事業とする、少数精鋭型のコンピューターメーカーである。社名の『PEZY』は、接頭辞の『Peta』・『Exa』・『Zetta』・『Yotta』の、各頭文字を集めて冠したものである。

　PEZY ComputingはPEZY-SC等のMIMD型マルチコアプロセッサーを開発する企業である。2012年に第一世代の512コアのメニーコアプロセッサ「PEZY-1」の開発に成功。2014年9月には第二世代の1024コアのメニーコアプロセッサ「PEZY-SC」の開発に成功している。また、同社は、液浸冷却装置を開発するExaScalerと共同でスーパーコンピュータの開発を行っている。

　スーパーコンピュータの絶対演算性能を競う世界ランキングTOP500にエントリーされたスーパーコンピュータの中から1W当たりの演算性能を競う省エネランキングGreen500において、Suiren（高エネルギー加速器研究機構）が2014年11月に世界第2位を獲得。2015年6月のランキングでは、Shoubu（理化学研究所）、Suiren Blue（高エネルギー加速器研究機構）、Suirenが、世界第1位から第3位を独占した。

　Shoubuはまた、2015年6月から2016年6月にかけてのランキングで、3期連続の世界第1位を獲得した。

出所：https://ja.wikipedia.org/wiki/PEZY_Computing

📢 読み物

富士通『FCCLの匠』体験会（2017年）

　富士通クライアントコンピューティング（FCCL）は、ノートPCの生産拠点である島根県出雲市の島根富士通の様子を公開した。

　今年（2017年）2月1日に、同社が設立1周年を迎えたのに合わせて、「FCCLの匠体験会～FCCLのテクノロジーの今と未来」と題し、同社の事業戦略や島根富士通におけるモノづくりの強みなどを紹介するものになった。

　富士通クライアントコンピューティング代表取締役社長の齋藤邦彰氏は、「匠体験会の企画は、社員全体が、仕事そっちのけで、全力で準備をしてきた。もちろん、これも仕事ではあるが」と会場を沸かしながら、「富士通クライアントコンピューティングは、『あらゆる人、あらゆる場所で発生する、あるいは必要とされるコンピューティングを全てまかなうことにより、お客様の豊かなライフスタイルに貢献する』ことを目指している。匠の技術を使って、いち早くいい製品を届ける疾風を実現しながら、35年間、PC事業をやってきた。世界初の製品を出し続けてきた。歴史を活かさなくてはいけない。ベストフィットの製品を出すということには負けない。そして、1台ごとに違うものを作ることができ、顧客が求めるリードタイムで出荷することができる。これは、開発、生産、サポートの全てを日本で完結できるスーパーバリューチェーンが、匠を支えるものになっている」などとした。

　島根富士通は、国内最大規模を誇るPCの生産拠点でもあり、1990年に、富士通製PCの生産拠点と

して操業。2013年には、累計生産台数が3000万台を突破している。

　当初は、FM TOWNSを始めとするデスクトップPCの生産も行なっていたが、1995年からはノートPCの生産に特化しており、現在ではタブレットの生産も行なっている。そのほか、富士通のデスクトップPCの生産を行なっている福島県伊達市の富士通アイソテックと連携。事業継続性の観点から、島根富士通でもデスクトップPCの生産を行なえる体制を構築しており、定期的に試験生産を実施している。このように幅広い製品を生産できる点も島根富士通の強みの1つだ。

　2011年には、島根富士通が立地していた斐川町が、出雲市に編入。それに伴い、島根富士通で生産したPCを「出雲モデル」としてブランド展開。出雲市では、ふるさと納税の返礼品の1つに、島根富士通で生産したノートPCを用意している。

　島根富士通の宇佐美隆一社長は、「我々が目指す匠は、クラフトマンという部分だけでなく、プロセスの部分も含まれる。現場を変えることをいかに組織としてできるかが鍵であり、日々、小さな改善を積み上げることで、イノベーションにできる。モノづくり現場の匠を見て欲しい」とした。

　富士通執行役員専務の河部本章氏は、「富士通は、通信機器の会社としてスタートし、その後、情報分野に進出。ハードウェアの上にSIなどのサービス事業を築いてきた。今後、富士通は、デジタルサービスに舵を切るが、他社との違いは単純なサービスカンパニーではなく、強固な技術を基盤としたサービスカンパニーであるという点。今回の匠体験会を通じて、たくさんの技術を見てもらえる。ユビキタスソリューション事業の技術は、深さともに、数がある。この点では、エンタープライズを遥かに超えている。強い技術を大事にしながら、いかにサービスに結び付けていくかという視点で考えていく。さらに、島根富士通の生産ラインは、富士通グループの工場としては最高のものの1つとなっている。また、FCCLは顧客ごとにカスタマイゼーションができるのが大きな強みと言える。持っている技術を社会の繁栄や、人の繁栄に結び付けていくことが重要である」とした。

　　　　　　　　出所：https://pc.watch.impress.co.jp/docs/news/1046201.html

第7課

これからのデータセンターに求められる課題

　IT活用の舞台がクライアント・サーバからクラウド・コンピューティングに移り、さらにIoTやAIの利活用などによって、全世界における年間のネットワーク・トラフィック量は2021年には3.2ZB(ゼタバイト)にまで到達すると見られている。これは、2005年から2021年までの間に、ネットワークのトラフィック量が127倍になるという計算だ。クラウド・コンピューティングの普及は、このようなトラフィックの急激な増加に対応するために、データセンターにさまざまな課題を突きつけている。

大規模化を迫られるデータセンター

　ネットワークのトラフィック量が急激に増加する要因の一つが、トラフィックの中身の変化だ。これは、データセンターにとっても大きな負担となっている。

　たとえばクライアント・サーバの時代、データセンターとユーザーを結ぶトラフィックの中身は、大部分が契約企業の社内ユーザーが利用する文書ファイルや画像ファイルだった。しかし、データセンターの利用形態が、クラウドでサーバのハウジングやホスティングなどに移行するにつれ、データセンターとユーザーを結ぶトラフィックの中身は、不特定多数の外部ユーザーが利用する音声や動画などの大容量コンテンツに変化する。

　さらにスマートフォンの普及により、これまでパソコンを使用していなかったユーザーもWebサイトの閲覧、SNS、ゲーム、地図アクセスなどといったさまざまなサービスが利用できるようになり、データセンターのサーバに接続するユーザーの数が飛躍的に増大した。そして、IoT(Internet of Things)の活用によって、さまざまな家電製品や工場で制御されるデバイスまでもがネットワークに接続されると、データセンターのクラウド・サーバに接続されるデバイスの増加はこれまでの比ではなくなってくる。

このように、ネットワーク・トラフィックの増加を招いているクラウドサービスの拡大にデータセンターが対応するには、大量の電力供給および空調能力、大容量ネットワーク・インフラ、大容量IT機器を支えるための床構造などを備えた大規模データセンターが必要であるため、国内では新築や増築など積極的な投資が行われている。IDC Japanが2017年3月に発表した調査によれば、2016年末時点の国内にあるデータセンターの延床面積の合計は203万3540 m^2 で、2021年には220万319 m^2 に増加（年間平均成長率は1.6％）すると見ている。

AIの活用によって電力消費量の増加が拡大

大規模データセンターが増加すれば、消費される電力も膨大なものとなる。データセンターが使用している電力量は年間10％ずつ増大し、今や世界全体のエネルギー需要に対して約2％を占めているともいわれている。しかし、今後予想されるデータセンターの消費電力増加の要因は、クラウドサービスの拡張やIoTによるネットワーク・デバイスの増加だけではない。

最近ではさまざまなWebサービスにおいて、AIが活用されるようになった。たとえば、ECサイトではユーザーの行動を学習して、AIが最適なタイミングで最適な販促を実施する接客サービスが導入され始めた。また、アプリ内に登録されている提携ブランドの服を、ユーザーが「好き」「嫌い」で分類することでAIがファッションセンスを学習し、ユーザー好みの商品を提案してくれるサービスは、今後アパレルメーカー必須となるかもしれない。このように、AIは私たちが気が付かないところで、徐々に日常生活の中に浸透し始めている。今後はチャットボットなど、AIと音声で会話するサービスも増えてきそうだ。

こういったAI活用サービスを支える上でトレンドとなっている、ディープラーニング（深層学習）といった手法は、今後もAIを実現する上で欠かせないテクノロジーである。しかし、ディープラーニングでは「学習」と「推論」がセットで行われ、学習には特徴点を抽出するために多くのデータとそれを処理する高い計算能力が求められる。その結果、HPC（High Performance Computing）と呼ばれる高性能なサーバの導入が拡大する。このHPCの導入が発熱量の増大を招き、データセンターでは冷却にかかる電力の消費がさらに増加することになる。

第7課　これからのデータセンターに求められる課題

省エネ化が課題

　運用コストの削減という面からも、データセンターの省エネ化は以前から課題となっていたが、日本では2011年3月の東日本大震災以降、電力消費量の削減が強く求められ、データセンターでもPUE(Power Usage Effectiveness：電力使用効率指標)値を引き下げる取り組みが積極化した。欧米でもデータセンターの省エネ化への取り組みが推奨され、ネバダ州ラスベガスに拠点を持つ米Switchは同州に建設する世界最大級のデータセンター(約49万m^2)において、大手電力会社NV Energyが提供する「100％再生可能エネルギー」電力プランを採用する。

　データセンターが省電力を実現するために取り組む手段の一つが、ラックの工夫だ。たとえば、温湿度センサーや気圧センサーを、ラックの上部、下部、中央部、ホットアイル(熱排気がたまる温かい通路)側、コールドアイル(冷気の通路)側に設置し、それぞれで取得したデータを解析する。これによって、冷却器からの冷気がラックに到達し、機器を冷却して排出されるまでの一連の気流の状況を可視化する。そこで得られた情報に基づき、ラック列の配置を工夫したり、冷却器の運転強度を緻密に制御するといった最適化の取り組みが行われている。

　一方、データセンター向けのハードウェアを提供するベンダーも、低消費電力化に力を入れている。たとえば、インテルが7月に発表したHPC向けXeonスケーラブル・プロセッサーは、システムアイドル時の電力を引き下げ、80 Plus Titanium PSU(80％以上の電気変換効率を満たす電源ユニット)をオプションとして提供し、冷却サブシステムの効率と安定性を高める高度な熱冷却設計するなど、データセンターの電力消費削減に貢献する仕様を採用している。

　今後、データセンターの活用を新たに検討する際には用途を明確にした上で、その用途に対応できる設備を持っている事業者を見極めることが重要になりそうだ。

出所：https://special.nikkeibp.co.jp/atclh/ITP/17/intel1006/article_01/

🔊 単語表

トラフィック②	traffic	交通运输、网络信息量
ゼタバイト③	ZB(zettabyte)	十万亿亿字节、泽字节
コンテンツ①	content	内容、目录、目次

床構造③	ゆかこうぞう	地板式结构
アパレルメーカー⑤	apparel maker	服装工厂
浸透⓪	しんとう	渗透
チャットボット④	chatbot	聊天机器人
トレンド②⓪	trend	流行、趋势、倾向
推論⓪	すいろん	推理、推论
抽出⓪	ちゅうしゅつ	提取、提炼、抽出
冷却⓪	れいきゃく	冷却
推奨⓪	すいしょう	推荐
ラック①	rack	架子、导轨
緻密⓪	ちみつ	细致、周密、精密
ベンダー①	vendor	供应商、小贩
ユニット①②	unit	组装、组合、单元
サブ①	sub	辅助、后补、代替

文型

1. ～につれ

［解釈］前件の変化とともに、後件も変化する。

［例文］①円高が進むにつれ、留学生活は苦しくなる。
　　　　②経済発展につれ、新しい社会問題が出てくる。
　　　　③情報化社会が進むにつれ、ネット上の安全性が大変深刻になってきた。

2. ～に基づき

［解釈］「それをもとにして」「それを根拠にして」の意味を表す。

［例文］①計画表に基づき行動する。
　　　　②過去の経験に基づき判断を下す。
　　　　③実際にあった話に基づき小説を書いた。

3. ～際（に）

［解釈］…とき。

［例文］①この引換券は、商品を受け取りの際、お渡しください。
　　　　②講義室をご利用になる際、このノートに必要事項を記入してください。
　　　　③大統領が来日した際、この大学で講演したそうだ。

第7課　これからのデータセンターに求められる課題

📣 注　釈

1. クラウド・コンピューティング（cloud computing）
　クラウドシステム。クラウド・コンピューティングとは、従来は手元のコンピューターで管理・利用していたようなソフトウェアやデータなどを、インターネットなどのネットワークを通じてサービスの形で必要に応じて利用する方式。IT業界ではシステム構成図でネットワークの向こう側を雲（cloud；クラウド）のマークで表す慣習があることから、このように呼ばれる。

出所：https://keiei.proweb.jp/column/trendword/1/216/269/

2. ネットワーク・トラフィック（network traffic）
　インターネットなどのネットワークを通じて送受信される情報。また、その情報量。

出所：https://www.idcf.jp/words/traffic.html

3. クライアントサーバシステム【CSS（Client Server System）】
　クライアントサーバシステムとは、通信ネットワークを利用したコンピュータシステムの形態の一つで、機能や情報を提供する「サーバ」（server）と、利用者が操作する「クライアント」（client）をネットワークで結び、クライアントからの要求にサーバが応答する形で処理を進める方式。

出所：http://ewords.jp/w/%E3%82%AF%E3%83%A9%E3%82%A4%E3%82%A2%E3%83%B3%E3%83%88%E3%82%B5%E3%83%BC%E3%83%90%E3%82%B7%E3%82%B9%E3%83%86%E3%83%A0.html

4. ハウジングサービス（housing service）
　ハウジングサービスとは、顧客の通信機器や情報発信用のコンピュータ（サーバ）などを、自社の回線設備の整った施設に設置するサービス。

出所：https://ja.wikipedia.org/wiki/ハウジングサービス

5. ホスティングサービス（hosting service）
　ホスティングサービスとは、自社施設に設置しインターネットに接続された情報発信用のコンピュータ（サーバ）の機能を、遠隔から顧客に利用させるサービス。顧客が自前の設備などを持たずにインターネット上で情報やサービスを配信するのをサポートするサービスである。

出所：http://ewords.jp/w/%E3%83%9B%E3%82%B9%E3%83%86%E3%82%A3%E3%83%B3%E3%82%B0%E3%82%B5%E3%83%BC%E3%83%93%E3%82%B9.html

6. IDC Japan 株式会社
　IDCは、ITおよび通信分野に関する調査・分析、アドバイザリーサービス、イベントを提供するグローバル企業。43年にわたりIDCは、世界中の企業経営者、IT専門家、機関投資家に、テクノロジー導入や経営戦略策定などの意思決定を行う上で不可欠な、客観的な情報やコンサルティングを提供している。現在、世界110か国以上で1000人を超えるアナリストが、世界規模、地域別、国別での市

場動向の調査・分析および市場予測を行っている。

出所：https://japan.cnet.com/company/20015481/

7. ECサイト

ECサイト（イーシーサイト）とは、自社の商品（広義では他社の商品）やサービスを、インターネット上に置いた独自運営のウェブサイトで販売するサイトのことである。

出所：https://ja.wikipedia.org/wiki/ECサイト

8. Switch

スイッチは米国のITサービス持株会社。子会社を通じ、コロケーション・スペースや関連サービスの提供に従事する。ネバダ州とミシガン州にデータセンターを置く。本社所在地はネバダ州ラスベガス。

出所：https://stocks.finance.yahoo.co.jp/us/profile/SWCH

9. Xeon　スケーラブル・プロセッサー

データセンタープラットフォーム向けの新CPU（2017年発表）。開発コードネーム『Purley』で知られるこのプラットフォームは、『Skylake-SP』のコードネームで知られる新しいXeonスケーラブル・プロセッサー、コードネーム『Lewisburg』で知られる新しいIntel C620チップセットから構成されており、CPU側にも、チップセット側にも大幅にアーキテクチャ的な変更が加えられている。

これに合わせてIntelはブランドも大幅に変更し、製品名も「Xeonスケーラブル・プラットフォーム」に、従来の製品では存在していたE7（EX、ミッションクリティカル向け）、E5（EP、主に2ソケットサーバー向け）などの区分をなくし、「Platinum」、「Gold」、「Silver」、「Bronze」と、CPUのクラスによってサブブランドをつける新しいスキームを導入しており、OEMメーカーが製品展開をより柔軟にできるように配慮した。

出所：https://pc.watch.impress.co.jp/docs/news/1070037.html

読み物

データセンターに潜む脅威

データセンターを利用すれば、自社でサーバやネットワークのセキュリティ対策を行う必要はないように思える。

たしかに、データセンターでは最先端のセキュリティ技術を駆使してクライアントのサーバやネットワークを保護している。一方で、バーチャル（仮想）サーバやクラウド・コンピューティング、IoT活用など最新のテクノロジーが組み合わされてネットワークの仕組みが複雑になっていくにつれ、データセンターも日々新たな脆弱性にさらされている。データセンターを活用する上で、利用形態によっては注意しておかなければならない脆弱性も出てきた。

第7課　これからのデータセンターに求められる課題

インターネット・テクノロジーの複雑化が新たな脅威に

　インターネット・テクノロジーが進化するにつれて、ハッカーからの攻撃も複雑に進化している。以前の悪意を持ったハッカーは、サーバ・システムに対してランダムに攻撃をしかけてきた。こういった攻撃に対しては、サーバ・レベルのセキュリティに注力すれば対応することができた。しかし、昨今はサーバのバーチャル化や複数のアプリケーションを統合させた分散型アプリケーション・アーキテクチャの普及などにより、データセンターを利用する側も利用形態によっては対処を考えておかなければならない新たな脅威が増えてきた。

　たとえば、従来のデータセンターでは1つのアプリケーションを1台のサーバでホスト（間貸し）するという利用形態だったが、今では複数のアプリケーションをバーチャル化された複数のサーバでホストする形態が主流になってきた。こういった利用形態が広がると、1台のサーバで情報漏洩などが発生した場合、膨大な数のアプリケーションやユーザーに影響を及ぼすことになる。

サーバのバーチャル化がもたらす脅威

　ハードウェア処理能力の進化によって、データセンターでも1台のマシン上で仮想的に複数のバーチャル・マシンを構成するバーチャルサーバを運用するところが増えている。バーチャルサーバーでは、それぞれを異なるHTTPサーバとして扱うことで、複数のドメインやIPアドレスを扱うことができる。バーチャルサーバは物理的に分離しているサーバに比べるとレスポンスは低くなるが、運用コストを抑えたり設置を簡易化できるなどのメリットがあるため、今後もデータセンターでは積極的にユーザーへの利用を進めていくだろう。一方でバーチャルサーバによる運用では、物理サーバに比べて個々のマシン間で行われている処理を監視・制御することが難しく、このことが新たな脅威を生み出している。

　バーチャルサーバで複数のマシンを動かしているということは、1台の物理マシンの上で複数のOSが動いていることになる。この時、バーチャルサーバでは各バーチャルマシン間の通信を円滑に行わせるため、ネットワーク・スイッチをシミュレーションするソフトウェアが使われている。このバーチャルなネットワーク・スイッチが、物理的なネットワーク・スイッチ監視用のツールに対応していないケースがある。サーバ内のバーチャルマシン間の通信を監視および制御する手段がないということは、重大なセキュリティリスクを生み出してしまう。

ハウジング・サービスでの利用には注意が必要

　1台のバーチャルマシンに侵入したワームなどの不正なトラフィックが、何のチェックも受けずに他のバーチャルマシン間に伝搬することは、物理的なデータセンターのネットワークにも悪影響を与える可能性がある。

　もちろん、こういった脅威への対策はデータセンター側でいろいろと施されているので、ホスティング・サービスを利用する場合は特にユーザー側がなにか対策をとっておく必要はないだろう。しかし、ハウジングサービスを利用してユーザーがデータセンター内でバーチャルサーバを構築する場合は、あらかじめ対策を考えていた方がよいと思われる。

出所：https://special.nikkeibp.co.jp/atclh/ITP/17/intel1006/article_05/

第8課

世界規模でIT投資を最適化

　筆者らが所属する英たばこ会社大手の日本法人であるブリティッシュ・アメリカン・タバコ・ジャパン(BATジャパン)のIT部門は、日本で独自にIT戦略を進める「ローカルIT」から全世界のIT戦略に基づく「グローバルIT」へと舵を切った。

　BATにおけるグローバルITとローカルITのすり合わせについて、IT投資計画を中心に説明したい。

グローバルの戦略と整合

　BATのIT組織の全体像を確認しておこう。グローバルIT組織は本社がある英国に置いている。主要なアプリケーションやITインフラのサポートを担うベンダーの選定、基幹システムの刷新といった、グループ全体に関わるITの意思決定はグローバルIT組織が責任を持って実行する。

　BATは世界各国をリージョン(地域)単位に分けている。リージョン組織は国をまたぐプロジェクトのポートフォリオ管理やIT投資計画の策定、予算管理を担う。

　グローバルIT組織になり、日本のITの在り方が大きく変わったのはこれまで見てきた通りだ。ITプランニングに関しても同じことが言える。

　以前は日本のIT戦略や予算だけを見てIT投資の計画を立てればよかった。現在はそれに加えて、グローバルITの計画や予算との整合性を取っていく必要がある。

　IT予算はBATグループ全体で大枠を決めたのちに、それぞれのリージョンに割り当てられる。このリージョン別の予算とは別に、日本を含む各国はそれぞれIT予算を立てている。案件の優先度や緊急性、グローバルITの短期及び中期計画などを考慮して、リージョンレベルの予算と国ごとの予算の整合を図りつつ、投資計画や予算を決めている。

第8課　世界規模でIT投資を最適化

　グローバルIT組織によるプロジェクトだけでBAT全体のITをカバーできるわけではない。グローバルIT組織が担うのはグループ全体に影響を与えるインフラやアプリケーションへの投資に関する意思決定が中心である。各国のビジネスの要求に応じたIT戦略は各国ごとに立てなければならない。

　その際にグローバルIT組織とローカルIT組織をつなぎ、グローバルのIT戦略とローカルのIT戦略をかみ合わせていく仕組みが大切だ。これがないと、無駄な投資が生じる恐れがある。

　グローバルITの計画はトップダウンで下りてくる以上、ローカル（日本）側は基本的にそのまま受け入れるしかない。グローバルITの計画や案件を見ることで、グループ全体として今何をしなければならないかを把握でき、ローカルITの戦略立案に生かせるというメリットがある。

　グローバルのIT戦略とローカルのIT戦略をかみ合わせるには、IT投資や予算の状況を把握する必要がある。アジア太平洋リージョンのITプランニングチームの重要な役割として、リージョン全体でのIT投資・予算の状況を可視化して適正かどうかを評価し、その結果をIT戦略の立案に生かすことが挙げられる。

アジアのIT戦略を可視化して評価

　ITコストの構造は国によって異なる。社会インフラの成熟度、市場規模、売り上げ、市場への参入時期、ビジネスモデルなどに違いがあるほか、アプリケーションの数や、グローバルソリューションと独自開発の割合も各国で様々である。

　BATはIT投資・予算の状況を把握しやすくするために、全社的なルールを定めている。例えば、IT関連の予算・投資に関わる項目ごとに統一コードを設けており、このコードに基づき予算を策定しなければならない。

　項目はデータセンターに関わる費用、マーケティングに関わるアプリケーションの費用、セキュリティに関わる費用といった具合に詳細に定義している。BATが使っているコードは例えば以下のようなものだ。

コードの例：

ASS-MKT-XX	マーケティングシステムの保守
DCN-MAN-XX	データセンターのマネジメント費用

INF-MNG-XX	インフラ機器に関わる費用
NTS-VOI-XX	ネットワーク（音声）に関わる費用

コードを使って分類しておけば、項目ごとに費用のトレンドなどを把握できる。

例えばアジア太平洋リージョン全体で、ITコスト全体に占めるネットワークに関わる費用の割合が年々増加していることが分かったとしよう。ある国の営業拠点が増加しているのが理由で、今後も増える可能性があるとする。

アジア太平洋リージョンのITプランニングチームはこうした状況を把握した上で、技術的にコストの増加を抑える手立てはあるのか、アジア太平洋地域全体で類似するコストが発生しているのであれば、まとめてベンダーと交渉できないか、といった対策を各国のIT担当者を交えて議論していく。

他国の手法を自国で適用可能に

ローカルITの時代は「自国の予算の中でどのように最適化できるか」だけを考えて、IT投資計画や予算を策定していた。

これがグローバルIT組織になり、国を越えて投資計画や予算を見ることができるようになった。これにより、選択肢が広がったのは大きなメリットと言えよう。

BATは世界200カ国以上でビジネスを展開しており、国ごとにITコストの構造を比較できる。ある国や地域で特定の領域に関するコストが低いことが分かれば、「この手法を自分の国にも適用できないか」といったベンチマーク分析を実行できる。

地域をまたいで新しい知見を入れつつ、グループ全体で投資をどのように最適化していくか。この点を考えていく役割も、ITプランニングチームに求められている。

最近では、グループ全体でITプランニングの方法を見直している。BATは今後、どのようなプロジェクトに取り組む可能性が高いか、そこでどのような技術を採用するか、ビジネスがどのように変化するかなどを踏まえて、何を測らなくてはいけないのか、どう測るべきかを議論している最中だ。

ITプランニングに関わるプロジェクトには、各リージョンから担当者が参加している。所属する国や普段担当している仕事、バックグラウンドが異なる同僚と仕事をするのは容易ではない。

グローバルレベルでのチャレンジは大変だが、やりがいも大きい。新しいことへのチャ

第8課　世界規模でIT投資を最適化

レンジを前向きに捉え、組織の成長に貢献していきたいと筆者は考えている。

ITの良しあしが企業の競争優位に大きな影響を与えると、よく言われる。今後、その傾向はより強まるだろう。

出所：https://tech.nikkeibp.co.jp/it/atcl/ncd/17/071100036/

🔊 単語表

ローカル①	local	地方的、地方性的
舵を切る①①	かじをきる	转向、改变方向
整合⓪	せいごう	整合
インフラ⓪	infrastructureの略語	公共基础设施
リージョン①	region	区域、地方、领域
跨ぐ②	またぐ	跨越、跨过
ポートフォリオ④	portfolio	文件夹、资产组合
策定⓪	さくてい	筹划制定、策划规定
プランニング②⓪	planning	设计、计划、筹划
トップダウン④	top-down	由上而下、上意下达
参入⓪	さんにゅう	参入、加入、参加
手立て①	てだて	对策、手段、办法
ベンチマーク④	benchmark	基准点、用基准问题测试
知見⓪	ちけん	知识、见识、见解
最中①	さいちゅう	正当中、最高潮
バックグラウンド⑤	background	背景、经历
良し悪し①②	よしあし	好与坏、善与恶

🔊 文型

1. 〜に加えて

［解釈］〜にプラスして、〜のうえにさらに。

［例文］①この店はうまいのに加えて安いときている。

②うちの子は金遣いが荒いのに加えてわがままで困る。

③勉強に加えて、アルバイトをしなければならないので、留学生は大変です。

2. 〜恐れがある

［解釈］〜という悪いことが起こる心配がある。

［例文］①このガスは環境を破壊する恐れがあります。

②今日から明日にかけて、関東地方で大雨の恐れがあります。

③夜中に出歩くのは、犯罪に巻き込まれる恐れがあります。

3．～以上（は）

［解釈］「～のだから、当然」という理由を言い、話す人の判断、決意、勧めなどを言う時に使われる。

［例文］①断言した以上、その言葉に責任をとれよ。

②この学校に入学した以上、校則は守らなければならない。

③学生である以上は、勉強を第一にすべきだ。

4．～しかない

［解釈］～以外に方法はない、～するだけだ、～以外に方法がないので～しなければならない。

［例文］①事故の責任はこちら側にあるのだから、謝るしかないと思う。

②熱が出たんだから、旅行はあきらめるしかない。

③エレベーターが壊れているので、階段で行くしかない。

5．～ごとに

［解釈］そのいずれも～、～ときにいつも…。

［例文］①一つ失敗するごとにまた一つ成長する。

②このシステムは一年ごとに更新される。

③山の天気は一時間ごとに変わることもあるので、注意が必要だ。

6．～ている最中

［解釈］ちょうど～している時。

［例文］①来年の行事日程については、今検討している最中です。

②会議をしている最中に、携帯電話が鳴った。

③彼の声が出なくなってしまったのはテレビ番組で歌っている最中でした。

📢 読み物

中国のイノベーションと日本のイノベーション

　　中国経済の世界に対する影響力は極めて大きいため、中国の経済成長の鈍化が世界で大きな注目を集めている。今中国経済に必要なことは、新たな成長を生み出す供給力を生みだしていくことであろう。またそのためには、特定産業における生産設備の過剰解消や合併再編等による過当競争防止、というような荒治療も果敢にやり遂げていかなければならない。今後の中国経済の成長の源泉は、「投資効率の改善」と「労働生産性の向上」であろう。

　　投資効率の改善とは、過当競争による重複投資の防止や非効率投資の改善である。中国は、道路

第8課　世界規模でIT投資を最適化

や鉄道などのインフラ整備や生活環境改善、環境汚染防止などの公共インフラ投資分野においてはまだまだ投資すべき対象が多く残されており、投資は今後も経済成長の動力のひとつにしていくことができる。

　一方の労働生産性向上については、現在の中国にはまだ向上する余地が大きい。まず中国全体平均で見れば労働生産性の絶対値がまだ低い。また勤労者の第1次産業から第2次、3次産業への移転は今後も進むし、IT化による生産や業務の効率化、企業経営の高度化なども確実に労働生産性を向上させていくことができる。しかしさらに持続的に経済成長していくために重要な要因がある。それは製品やサービスのイノベーション促進である。イノベーションには、「技術的イノベーション」とビジネスモデルなどの「ソフト的イノベーション」があるが、どちらも商品の付加価値を不連続的に高められるものである。イノベーションが起こると、当然労働生産性の数値も上昇し、経済成長の大きなかつ持続的な動力になる。

　中国は「創新」と名づけるイノベーションを国家戦略として推し進めており、ターゲットを定めた分野に巨額の投資も行ってきている。また中国政府は国民の起業を推奨し、そのための政策的な後押しも積極的に行っている。事実、中国ではITサービス分野に関しては、アリババやテンセントを先導役としてイノベーションが絶え間なく生み出されており、この分野では既に世界最先端レベルにある。

　日本企業のイノベーション力の向上は、1960～80年代における日本の高度経済成長と軌を一にする。この時期、日本は官民が協力し総力を挙げて産業分野の研究開発に投資を行った。経済の持続的成長のためには、技術イノベーションの推進による国際競争力強化が不可欠であると考えていたからである。

　日本の研究開発がイノベーションを生みかつ高度経済発展に貢献した理由は、主に以下の2つである。第一は、研究開発の主体が企業側にあったことである。高度経済成長時代の日本の研究開発費の75％は民間企業によるものであり、政府から民間企業への研究開発支援は2％にも満たなかった。当時はアメリカでも研究開発資金の30％は政府が拠出していたので、1980年代の日本の研究開発費に占める政府の拠出割合は、主要先進工業国の中では最も低かった。第二は、日本の研究開発力向上のために中小企業の貢献も大きかったことである。1970年代の企業の研究開発比率（売上高に占める研究開発費の割合）は全体で1.5％程度であったが、中小企業による研究開発比率も大企業とほぼ変わらないレベルにあった。だから日本には、今でも中小企業が生み出した先端技術が多く存在する。1980年代以降は大企業がさらに研究開発比率を拡大して現在の研究開発比率は3～4％にまで増大しているが、研究開発に力を入れる中小企業でも2％台を保っている。また日本には中小企業を中心とした「技術サービス業」が発達していることにも注目すべきである。筆者自身も大学で修士論文を作成した時、複雑な実験機器を考案し組み立ててくれるサービス企業に多大な支援を受けたことが記憶にある。

IT日语泛読教程

　　日本の研究開発は過去も現在も常に民間主体であるため、市場の状況に極めて敏感でビジネス的に成功を収める確率が高い。また業界団体を中心に技術や技術者のデータベースが整備されており、これは各研究者の技術評価力を大いにサポートしている。またあまり強調されないことであるが、日本は研究開発の物理的環境が優れていることも重要な視点だ。日本の大学や企業の研究施設は、機器類のメンテナンスがきちんと行われ、清潔に秩序よく保たれているため測定誤差等が起こりにくい。

　　中国が技術イノベーションを促進し、それを経済成長の動力にしていくためには、日本の経験は参考になると思う。つまりイノベーションの促進のために資金力はもちろん必要だが、それ以外の要因、例えば市場ニーズに対する感度や周辺の技術サービス業の発展など、資金以外の重要な要因が多くあるということである。イノベーションは政府と企業の適切な役割分担により生み出されるのである。

第9課

悪質！ネットで広がる「新手の詐欺」の実態

　パソコンやスマホの利用者が増えるにつれ、インターネットと紐づいた詐欺も裾野を広げている。例えば、使ってもいない有料サイトの利用料などを名目におカネを巻き上げる架空請求詐欺は、20代以下から80代以上まで、幅広い年代で被害が発生した。家族みんな、被害に遭ってもおかしくないのが現状だ。

　ITジャーナリストの三上洋さんは、「かつては被害者のメインは若者でしたが、中高年にも拡大。特に、初めてネットを使う、初めてスマホを持つというネット弱者が騙されやすい」と指摘する。偽のメールやウェブサイトで引っかけて、多額な料金の支払いを求めるのが主な手口という。

　「ここ数年、コンビニなどで電子マネーを買わせるケースも多発しています。手渡しや銀行振り込みよりも、検挙される可能性が低いためです。」（三上さん、以下同）

　電子マネーには、コンビニや量販店で販売されているカードタイプと、コンビニのマルチメディア端末で販売されているシートタイプとがあり、1500円から5万円分の使い切りのものが主流となっている。

　「額面価格の範囲内で、商品の購入やサービス提供を受けることができますが、カードに記載された番号さえあれば、誰でも、どこからでも使用できます。そのため、犯人は巧みに番号を聞き出そうとしてきます。」

ワンクリック詐欺の被害者が続出

　「ワンクリック詐欺」の被害も後を絶たない。ウェブサイト上に記載されているURLをクリックすると、「ご入会ありがとうございました」などの画面が表示され、一方的に契約したことにされるという手口だ。

IT日语泛读教程

「1回クリックしても反応しない。あれ？と思ってもう1度試しても何も起こらない。3回目で『契約ありがとうございました』と表示が出る。実は、画面の下のほうに目立たないような小さな字で、3回クリックしたら入会になる旨が規約として書いてあるんです。」

えっ！じゃあ、気づかなかったこちらに過失が？

「いくら規約に書いてあっても、誤解を与えるような契約は無効なので、基本的に無視していい。間違っても、焦って画面に出てきた『誤ってクリックしてしまった方はこちら』『キャンセルしたい場合はこちら』と書かれている電話番号にかけてはいけません。かけると『あなたの電話番号がブラックリストに載ってしまう』『訴訟を起こす』などと脅されます。」

詐欺師の目的は、電話をかけさせ、個人情報を奪ったり、お金を巻き上げたりすることにあるのだ。

「架空請求がメールなどで届く場合も同様です。放置して大丈夫。いずれメールは来なくなります。」

被害者につけ込む「相談詐欺」

失意の被害者につけ込んで、二重に騙す「相談詐欺」をはたらく輩（やから）もいる。

「詐欺に引っかかったと気づき、対処法や相談先をネットで検索すると、『請求トラブル解決します』などと謳う法律事務所や探偵事務所の広告が表示されます。この中に、悪徳業者が潜んでいるんです。」

そもそもこうした被害に「解決」なんてありえない。

「住所も名前もわからない詐欺師との交渉が成り立つわけもなく、したがって解決の見込みなどまずない。うっかり相談してしまうと、成果もないのに、相談料や調査料などの名のもとにおカネをとられる二次被害に泣くハメになることも。」

有名企業をかたる「偽メール詐欺」

KDDIなどの大手キャリアやDMMなどの有名動画サイト、さらには公的機関をかたる偽メール詐欺も横行しているという。

「内容は緊急速報、宅配便や郵便局の配達通知など。例えば『荷物を預かっています。問い合わせはコチラ』なんて書かれていると思わず信じてしまいそうですが、そこに記載されているURLをクリックしては絶対にダメ。偽サイト上で個人情報を入力させられた

第9課　悪質！ネットで広がる「新手の詐欺」の実態

り、最悪の場合はウイルス感染させられて、スマホやパソコン上から銀行口座へ振り込める『インターネットバンキング』伝いにおカネを盗まれることもあります。記載されているURLではなく、企業本体のホームページからアクセスしてみることをおすすめします。」

「サポート詐欺」

ネット弱者を狙い撃ちするかのように昨年から目立って増えているのが、パソコンなどの「サポート詐欺」。

「パソコンを使っていると突然、ビーッと警告音が鳴って、『ウインドウズセキュリティーシステムによって壊れていることがわかりました』というような画面が表示されます。そして、そこにサポートセンターの電話番号が出てきます。」

つながる先はもちろん、偽のサポートセンターだ。

「もっともらしくパソコンを遠隔操作し、年数万円ほどのサポート料金を請求されます。その過程で個人情報が相手に渡るリスクも…」

「ショッピング詐欺」

ネット通販で買い物をして、代金を入金したのに商品が届かない類の「ショッピング詐欺」も手口が巧妙化。今年1月以降、多発中なのが大手ネット通販Amazonでの詐欺だ。

「Amazonには、Amazon本体が売っているものと、『マーケットプレイス』と呼ばれる第三者の企業や個人が出店しているものと2種類あるんです。危ないのは後者。詐欺師に企業や個人のアカウントが乗っ取られ、偽の出品がなされるのです。入金される銀行口座だけを詐欺師が用意したものに変更し、おカネを盗み取ります。」

だが、これには救済策が。商品不着のとき、Amazonに申請すれば、30万円以内ならおカネが戻ってくる。

一方、激安販売などを謳うショッピングサイトで引っかかった場合、商品が届かないか、偽物が届くかでおカネが戻る見込みはまずない。サイトの画面は大手サイトを模したものもあるから要注意だという。

「要は、ネットで安く買おうと思わないことです。新品は基本的には値段が横並び。異常な割引率は疑って。」

怪しいショッピングサイトを見抜く方法

ほかに怪しいショッピングサイトを見抜く方法は、以下を参考にしてほしい。

- 正規の新品価格に比べて明らかに安すぎる
- 会社情報に電話番号の記載がない
- 利用規約やメールの日本語に違和感がある
- 銀行振込での支払いを求められる
- 振込先が企業名でなく個人名や外国人名

「アカウントが乗っ取られる原因として、個人情報やパスワードの管理が甘すぎる人が多いです。パスワードは10ケタ以上の英数字を組み合わせ、2か所以上で使い回さないこと。パソコンは有料のウイルス対策ソフトを入れると安心です。」

魑魅魍魎（ちみもうりょう）が潜むネット社会、どんなに自衛してもしすぎることはないのだ。

出所：https://toyokeizai.net/articles/－/178526

単語表

詐欺①	さぎ	诈骗、欺诈行为
裾野⓪	すその	山脚下平缓的原野
名目⓪	めいもく	名目、借口、理由
巻き上げる④	まきあげる	抢夺、敲诈勒索
ジャーナリスト④	journalist	记者、撰稿人
メイン①	main	主要的、重要的
引っ掛ける④	ひっかける	欺骗
手口①	てぐち	犯罪手法（或手段）
マネー①	money	钱、货币
手渡し②	てわたし	亲手交给对方
振り込み⓪	ふりこみ	存入
検挙①	けんきょ	拘捕、逮捕
マルチメディア④	multimedia	多媒体
額面⓪	がくめん	票面、面额
旨②①	むね	宗旨、意思
ブラックリスト⑤	blacklist	黑名单

第9課　悪質！ネットで広がる「新手の詐欺」の実態

訴訟⓪	そしょう	诉讼
脅かす⓪	おどかす	威胁、吓唬
詐欺師②	さぎし	骗子、诈骗犯
つけ込む③	つけこむ	乘虚、乘机
二重⓪	にじゅう	双层、双重、重复
働く⓪	はたらく	做（坏事等）
引っかかる④	ひっかかる	受骗、上圈套
悪徳⓪	あくとく	缺德、不道德
羽目②	はめ	困境、窘况
騙る⓪	かたる	冒充
キャリア①	carrier	运营商
横行⓪	おうこう	横行
口座⓪	こうざ	户头
バンキング①	banking	银行
狙い撃ち⓪	ねらいうち	瞄准射击、确定目标攻击
ウインドウズ②	Windows	微软开发的OS系列名称
セキュリティー②	security	安全、防御
もっともらしい⑥		煞有介事的
遠隔⓪	えんかく	远隔、远离
代金⓪①	だいきん	货款
入金⓪	にゅうきん	入款、进款
マーケットプレイス⑦	market place	电子市场
アカウント②⓪	account	账户
乗っ取る③	のっとる	侵占、篡夺
救済⓪	きゅうさい	救济
不着⓪	ふちゃく	不到、没到达
激安⓪	げきやす	超级便宜
偽物⓪	にせもの	假货、赝品
模する②	もする	仿造、模仿
要注意③	ようちゅうい	有必要注意
横並び⓪	よこならび	一样
見抜く②⓪	みぬく	看透、看穿
パスワード③	password	密码
桁⓪	けた	位数
魑魅魍魎①⓪	ちみもうりょう	魑魅魍魉、妖魔鬼怪

文　型

1. ～さえ～ば
[解釈]ある状況が成立するのに、一番必要な条件を仮定する時に使う。
[例文]①あなたがそばにいてさえくれれば、ほかには何も要りません。
　　　②お金さえあれば、満足だ。
　　　③君さえよければ、それでいい。

2. ～わけがない
[解釈]そういう事柄が成立する理由・可能性がないという強い主張を表す。
[例文]①北海道で熱帯の植物が育つわけがない。
　　　②こんな忙しい時期に旅行に行けるわけがない。
　　　③勉強もしないで遊んでばかりいて、試験に合格するわけがない。

3. ～てほしい
[解釈]自分の望む気持ちを他に求める時に使う。そうしてもらいたい。
[例文]①あまりにも仕事が多いので、誰かに手伝ってほしいと思っている。
　　　②母には、いつまでも元気で長生きしてほしい。
　　　③この展示会には、たくさんの人に来てほしい。

注　釈

1. URL
インターネット上の情報資源の場所とその属性を指定する記述方式。

出所：https://kotobank.jp/word/URL-9429

2. KDDI
日本の通信会社。

読み物

加害者にも被害者にもなる時代

Aさん：「自分の好きな楽曲を紹介しようと思って、アーティストの新曲の歌詞をブログに書き込みました。もちろんただの紹介で、お金儲けの目的ではありません。」

Bさん：「匿名掲示板のスレッドが、あるブロガーの悪口で盛り上がっていたんです。自分も悪乗りして、『こいつは詐欺で稼いでいるらしいぞ！』という悪評を書き込みました。ただの噂で、真実は知りません。でも他の人も同じような書き込みをしていて、それをマネしただけです。」

Cさん：「自分が支持している政治家を応援したくて、匿名掲示板に『この人に投票しよう』と書き込

第9課　悪質！ネットで広がる「新手の詐欺」の実態

みました。別に悪口ではないんですよ。」

　さて、こういう話を聞いて、あなたはどう思うでしょうか。

　歌詞を書き込んだAさん、投票をネットで呼びかけたCさんについては、「どこが悪いのか分からない。むしろよいことなのでは？」と思われるかもしれません。悪評を書き込んだBさんのやったことは余り褒められたことではありませんが、たくさんの人がやっているのであれば、大それたことではないように思えるかもしれません。

　しかし、実はこれらの書き込みはいずれも法律に違反する「違法行為」となります。特にAさん、Bさん二人の書き込みは、刑罰が科される「犯罪」にあたります。AさんとBさんは、ネットの書き込みにおける「犯罪者」ということになり、法律上、Aさんは最高で懲役10年、Bさんは最高で懲役3年で処罰される可能性があります。もちろん、あくまでも上限ですから、その通り罰せられることはまずありませんが、法律上はそういうことになります。少し驚かれたかもしれませんね。

　ところで、この三人はどういう法律に違反したのでしょうか。歌詞を書き込んだAさんは「著作権法違反」、悪評を書き込んだBさんは刑法の「名誉毀損罪」、投票をネットで呼びかけたCさんは「公職選挙法違反」となります。

　いずれも聞いたことのある法律や罪名でしょうが、一般の方にとってはなじみが薄いものかと思います。

　著作権法、名誉毀損罪は、いずれも「表現の内容」が問題になる法律（の規定）です。ただし、この類の法律は、主にテレビ局、新聞社、出版社などのメディア業界や、映画や音楽を作るエンターテインメント業界を規制するためのものでした。大勢を相手に情報を発信できる人は、ごく一部の限られた人や組織だけだったからです。

　公職選挙法は「選挙活動」を規制する法律ですが、これもまた、政党や候補者、秘書やスタッフなど、直接選挙にたずさわる政治関係者だけが気をつけていればよい法律でした。

　しかし、今やこういった法律は、直接的な関係者だけのものではありません。

　インターネットに接続できる環境さえあれば、誰でも世界に向けて自分の意見や情報を発信できる時代になったからです。特に最近では、ブログ、フェイスブック、ツイッターなど、簡単に利用できるSNS（ソーシャル・ネットワーキング・サービス）が普及し、中小学生が情報の発信者になることも珍しいことではなくなりました。政治経済などのニュースから、ゴシップまであらゆる話題が語られ、仕事、学校、家族のことなど、ごく身近なことまで描かれる──膨大な数の人間が、実にいろいろな「書き込み」をしているのが現状です。

　利用する人が増えれば、その分トラブルも増えます。便利なものであれば、それを悪用しようとする人も必ず出てきます。

　インターネットの書き込みをめぐって法的紛争になることは珍しくなくなり、そういうトラブルを専門に扱う弁護士も増えてきています。弁護士に相談されないトラブル、被害者が泣き寝入りをしているケースは、もっと多いと思われます。

被害者が多いということは、加害者も多いということです。自分の子供に携帯電話を与えている保護者の方は、「子供がインターネットで犯罪の被害に遭わないか」と心配していますが、「子供が犯罪の加害者になってしまう」危険性にはなかなか気づきません。

　今ここで、「被害者」「加害者」という言葉を使いましたが、両者は決してきれいに二分できるものではありません。ネットの世界においては、誰もが情報の受信者であり、また発信者でもあります。昨日までの被害者が、今日の加害者ということも珍しくありません。積極的な発信をしない、ネットをほとんど使わない、そんな「傍観者」でもいつの間にかトラブルに巻き込まれる危険性があるのです。

　危険の多い「ネット世界」で、トラブルを避けるにはどうすればよいか。そのためには、この世界の「ルール」をきちんと知る必要があります。

　出所:『その「つぶやき」は犯罪です』(新潮社 2014 年 5 月)鳥飼重和(監修)、神田芳明(著)、香西駿一郎(著)、前田恵美(著)、深澤諭史(著)

第 10 課

世界で広がる「自転車シェアサービス」の今

注目を浴びる自転車のシェアサービス

　中国発スタートアップ「Mobike」の日本進出などで、注目を集めている自転車シェアリングサービス。日本国内でもソフトバンクや各行政が参入し、期待が高まっている市場といえるだろう。

　しかし、自転車シェアがより広く普及するには、駐輪スペース、支払い・返却方法、利用者のモラルなど、乗り越えていかなければならない課題は多い。

　そこで今回は、シンガポールを事例に自転車シェアの課題と可能性について考えてみたい。

　なぜシンガポールか。同国では、すでにMobikeが本格的に事業展開しているだけでなく、ほかの中国スタートアップや地元スタートアップが参入し、激しい競争を繰り広げている。またシンガポールはトップダウン行政、狭い国土などが理由となり、日本に比べ社会実験における効果をいち早く見ることができる。

　シンガポールの事例から、日本の自転車シェアリングがどのように発展してくのか、ヒントを得ることができるかもしれない。

「三社が競合」するシンガポール「自転車の見つけやすさ」が鍵

　シンガポールではもともと行政が自転車シェアリングプロジェクトを主導していく計画だったが、Mobikeなどスタートアップの参入により、いったん行政は手を引き様子を見るスタンスを取っている。

　2017年7月時点で、3社のスタートアップが同国で自転車シェアリング事業を展開している。地元シンガポールのoBike、中国のMobikeとofoだ。

これら3社のサービスモデルはほとんど同じだが、自転車の見つけやすさやアプリの使い勝手などが異なり、それらがユーザーによる評価の差につながっているようだ。

　それぞれの共通点と特徴を見ていきたい。

　oBikeは、17年1月にプロトタイプのサービスを開始。公式に事業を開始したのは4月から。同社によると、2月時点でシンガポール国内に1000台の自転車を配置したという。

　サービスはiOS/Androidアプリで利用できる。利用には、まず登録時に49シンガポールドル（SGD）をデポジットとして支払う。7月20日の為替レート換算では約4000円ほど。アプリ内で、Paypalかクレジットカード、デビットカードで支払える。ちなみに、oBikeは学割を提供しており、学生のデポジット料は19SGDに割引される。

　デポジット支払い後、アプリ内のマップから近くにあるoBike自転車を探し、自転車に貼り付けてあるQRコードをスマホで読み取ると、自転車のロックが解除され、利用可能に。利用料は、15分あたり50セント（約41円）。

　中国のMobikeとofoもiOS/Androidアプリに対応。Mobikeのデポジット料は49SGD、ofoは10SGD安い39SGD。Mobikeの自転車利用料は30分50セント、ofoの利用料は1時間1SGD（最大2SGDまで）となる。

　一見3社とも登録・利用方法やデポジット・利用料金がほとんど同じで、違いがないように見える。しかしユーザーから見ると、3社のイメージは大きく異なる。少なくとも筆者からすれば、現時点のシンガポール市場において、ofoに比べoBikeとMobikeの方が利用しやすいイメージだ。

　最も大きな違いは「自転車の見つけやすさ」にある。

　街中を歩いてみると、oBikeとMobikeの自転車を目にする頻度は非常に多いが、ofoはほとんど見かけない。シンガポール国内の他メディアでもofoの自転車が見つけにくいことに言及している。

　前述の通り、oBikeは国内に1000台の自転車を配置済みという。Mobikeも2017年中に1000台の配置を目標としている。一方で、ofoは最近になって500台を導入すると発表したばかり。やはり配置台数に開きがあるようだ。

　さらに、ofoのサービスはGPS非対応で、アプリの地図上で自転車の位置を特定できない。一方のoBikeとMobikeの自転車はGPS対応で、アプリの地図上で検索できる。当た

第10課　世界で広がる「自転車シェアサービス」の今

り前だが、見つけられないものは利用できない。これはofoが今後取り組むべき重要課題だ。

「乗り捨て」問題を解決する方法は？

街中の至る所で利用できる便利な自転車シェアリングサービスだが、課題がないわけではない。最も懸念されているのは、自転車の違法駐輪、つまり『乗り捨て』だ。国立公園や私有地など、指定場所以外に駐輪した自転車に対して、公園利用者や周辺住民などからクレームがあがっている。

こうした違法駐輪が増えればサービスの存続が危ぶまれる。各社は、違法駐輪を防ぐために、クレジットポイント制を導入し、ルール通りの利用にインセンティブを設けている。各社のクレジットポイント制は同じような仕組みだ。その詳細をoBikeの例で見てみたい。

oBikeのクレジットポイント制度では、まずユーザーに100ポイントのクレジットが与えられ、優良ユーザーにはポイント加算、ルール違反者にはポイント減算の措置をする。

例えば、自転車を乗り捨てたり、ロックをし忘れたりすると、20ポイント減算する。一方で、故障した自転車を見つけて報告した場合や、乗り捨てされた自転車を報告した場合は23ポイントを加算する。

もし、ルール違反を重ねてユーザーのクレジットポイントが60以上80未満になった場合、サービス利用料は15分あたり5SGDに、60未満の場合15分あたり50SGDに跳ね上がる。

一方で、181ポイント以上稼いだ優良ユーザーには、何らかの報酬が与えられるようだが、現時点ではどのような報酬なのか詳細は明らかになっていない。

シンガポールで展開する3社のサービスは、東京・千代田区の自転車シェアリングサービス「ちよくる」のように決められた場所に自転車を返却するという仕組みではなく、指定場所であればどこにでも駐輪できる仕組みだ。

この「指定場所」という定義がかなり広く、実質ほとんどの場所に駐輪できると解釈されてしまっており、これも違法駐輪が多い1つの要因になっているようだ。

実際、oBikeのWebサイトでは返却に関して「自転車は、指定された公共の駐輪エリアに返却してください」としか記載されておらず、ユーザーの混乱を招いているといえる。この問題に対して、oBikeは返却可能な場所をアプリの地図上で示すなど、返却場所を明確

にするよう努めている。また、Mobikeも新たに自転車駐輪スペースを開設するなどして違法駐輪対策を進める。

出所：http://www.itmedia.co.jp/news/articles/1707/27/news008.html

単語表

シェア①	share	分享、共享
スタートアップ⑤	start up	初创、新公司
行政⓪	ぎょうせい	行政
駐輪⓪	ちゅうりん	停放自行车
モラル①	moral	道德
本格的⓪	ほんかくてき	正式的
地元③⓪	じもと	当地
繰り広げる⑤⓪	くりひろげる	展开
ヒント①	hint	启发、启示
プロジェクト②③	project	项目、计划
スタンス②	stance	姿势
使い勝手④	つかいがって	物品使用的难易程度
プロトタイプ④	prototype	原型、样品
デポジット②③	deposit	押金
為替レート④	かわせレート	汇率、汇价
デビットカード⑤	debit card	借记卡
ロック①	lock	锁
セント①	cent	分（辅币单位）
言及⓪	げんきゅう	言及、提及
開き③	ひらき	差距、距离
懸念⓪①	けねん	担心
クレーム⓪②	claim	投诉、申诉
存続⓪	そんぞく	存续、延续
危ぶむ③	あやぶむ	担心、挂念
インセンティブ③	incentive	刺激、奖励
加算⓪	かさん	加法
減算⓪	げんざん	减法
報酬⓪	ほうしゅう	报酬

第 10 課　世界で広がる「自転車シェアサービス」の今

📢 文　型

1. ～からみると

［解釈］「ある立場に立って判断すると」という意味を表す。

［例文］①先生からみると、私のやり方は間違っているのかもしれませんが、私にはこれがいいんです。

　　　　②子供たちからみると、大人世界は分かりにくい。

　　　　③私の立場からみると、その見通しは楽観的すぎると思う。

2. ～からすれば

［解釈］判断の手がかりを表す。

［例文］①図書館利用者からすれば、開館時間の延長は非常にありがたい。

　　　　②あの態度からすれば、彼女はアメリカに留学したくないようだ。

　　　　③あの人の性格からすれば、謝るはずがない。

📢 注　釈

1. Paypal

アメリカの電子決済会社ペイパル社が提供する、インターネットを通じた決済サービス。

2. 学割

「学生割引」の略。

📢 読み物

シェア経済が爆発的に発達する中国

　中国でシェアリング・エコノミー（シェア経済）が爆発的に拡大している。中国電子情報センターの推計によると、2016年の中国国内のシェア経済の市場規模は5030億ドル（約58兆円）で、伸び率は1年間で103％に達した。

　なぜ中国でシェア経済が急拡大しているのか。おそらく四つの理由がある。一つ目は、中国には新しいイノベーション（革新）を抑制するような規制が少なかったこと。二つ目は、いわゆる「90后」と呼ばれる1990年代の若者のライフスタイルや嗜好にシェア経済が非常にマッチしたこと。三つ目は、決済の電子化、特にスマートフォンを利用したモバイル決済が急速に普及したこと。そして最後に「信用のプラットフォーム」が誕生したことである。

　最初に中国で拡大したシェア経済の代表例が、いわゆる「P2P」と呼ばれる個人が個人に融資を行う「ソーシャルレンディング」サービスであろう。ソーシャルレンディングとは、融資を受けたい個人と余剰資金を貸したい個人とをマッチングさせるサービスである。中国では2014年ごろからこ

のソーシャルレンディング事業が急拡大した。

　二つ目の理由は、シェア経済を熱烈的に受け入れた世代の存在である。前述の「90后」と呼ばれる世代は、シェアサービスの利用者であり、また提供者でもある。「90后」はいわば中国経済の発展とインターネットの普及を同時に経験して育った世代である。

　中国で現在急拡大しているシェアサイクルの大手事業者である「ofo」の創業者は2013年北京大学を卒業した「90后」だ。教育関係のコンサル会社「麦可思（MyCOS）」と社会科学文献出版社が発表した「2017年中国大学生就業報告書」によれば、795万人の大学卒業生のうち、3％近い20万人が創業したという。この創業の中には多くの新しいシェアサービスが含まれている。

　三つ目の理由は、モバイル決済の普及である。今の中国の街中はQRコードが溢れている。アリババの「支付宝（アリペイ）」とテンセントの「微信支付（ウィーチャットペイ）」のモバイル決済はあらゆる店舗やサービスの決済に拡大しつつある。アリペイは、2016年には1日あたり1.75億円の決済を処理し、うちの60％がスマートフォンなどのモバイル末端上で行われている。

　このモバイル決済はシェア経済の重要なプラットフォームである。シェア経済の代表例自転車シェアサイクルでは、自転車の座席後部にあるQRコードをスマートフォンで読み取ることで解錠される。使い終わって施錠すれば、GPS情報とともにスマートフォンに利用料金が表示され、利用者がその料金をアリペイで決済するだけでいい。これが現金を使うとなると、料金を徴収する人員や機械が必要になるし、また少額の課金では人を雇っていては採算が取れないだろう。中国のモバイル決済はこういったハードルを取り去った。

　最後に、中国に新たに生まれた「信用のプラットフォーム」である。中国では今「芝麻信用（チーマークレジット）」というサービスが拡大している。アリペイの付帯機能として、個人の行動データを元にした信用スコア（点数）を提供するサービスである。スコアは月1度更新され、評価の高い行動が多ければスコアが上がり、不正行為とみなされる行為があった場合はスコアが下がる。現在、この芝麻信用のスコアが高ければ様々なメリット享受できるようになっている。例えば、スコアの高いユーザーは、レンタカーを利用する際の保証金の多くが免除される。シェアサイクルでも、芝麻信用スコアが600点以上であれば、利用登録時に必要な保証金（100元程度）が免除される。

第11課

IT業界の構造と役割分担

　ITの専門家を雇用する企業は、大きく2つのグループに分けられる。まず「自社の事業をうまく進めるために、情報システムを道具として活用する顧客企業（発注側）」だ。例えば、製品を効率的に生産するための管理システムや、インターネット上で商品を売るためのシステムなどを開発し導入する。顧客企業と呼ぶ理由は、後述するIT企業側からするとお客に当たるからである。

　このグループの企業・組織としては、「情報システム部門（本社）」「情報システム子会社」そして「ネットビジネス企業」がある。情報システム部門は企業の本社内にある一部門で、企画や要件定義を中心にこなす。情報システム子会社は、情報システム部門が本社から分離して専門子会社として独立したもので、こうした組織を持つ顧客企業は、規模によっては開発や運用も自前でこなす。ネットビジネス企業は、EC（電子商取引）サイトや検索サービスの運営など、インターネット上のビジネスで主な利益を得ている企業だ。システム開発を自社でこなす場合が多い。

　もう1つのグループは、前述の情報システム部門やネットビジネス企業を顧客とし、「情報システムの導入・構築・運用支援サービスや素材などを販売するIT企業（受注側）」だ。設計・開発・運用・保守といった工程のサービスを提供したり、情報システムに使うハードウェアやソフトウェア、通信回線、データセンターなどを提供したりすることで、自社の利益を確保する。

　次の図では、情報システムの開発プロセスと、各業態とをひも付けて図解した。厳密な区分はケースバイケースになるが、大まかにいえば、情報システムの①企画や②要件定義は顧客企業自身がやらずにITコンサルティング会社に任せることもできる。要件定義か

ら③設計にかけてのプロセスはシステムインテグレータ。④開発・テストはシステムインテグレータとソフトウェア開発会社。⑤運用・保守作業は運用・保守会社が得意とする。ハードウェアメーカー、ソフトウェアメーカー、通信キャリア/インターネットサービスプロバイダーは、情報システムを構成する素材を提供する。クラウドサービス企業は、従来ユーザーが自分のコンピューターで利用していたアプリケーションを、ネットワーク経由でサービスとして提供する。

　情報システムは様々な要素から成り立っている。これだけの要素を、IT企業1社だけで提供するのは難しい。そのため、市場でライバル関係にあるIT企業同士が一緒にプロジェクトに参加していることもしばしばある。

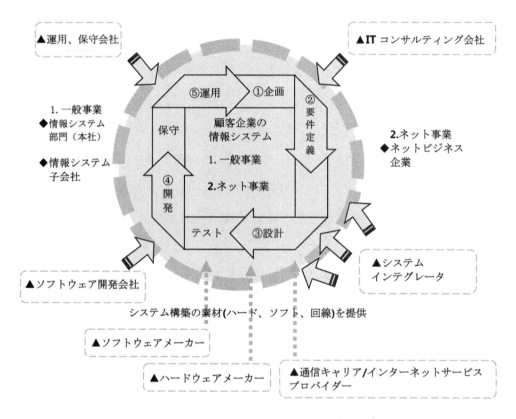

　とはいえ、基本的に多くの業者が目指すのは、顧客企業と直接契約した「元請け」となること。顧客との強い信頼関係や営業力が必要であり、大きな商談では、大手のシステムインテグレータやITコンサルティング会社がこの座を獲得するケースが多い。

　企画や要件定義までは発注企業の情報システム部門などと協力して元請けが主体的に行うのが普通だが、詳細な技術知識とノウハウを要する設計や開発以降の段階になると、

第11課　IT業界の構造と役割分担

　元請け企業は、規模や技術内容などに応じて、業務の一部を別のシステムインテグレータやソフトウェア開発会社などの協力会社に適宜発注する。こうした協力会社を「下請け」や「二次請け」と呼ぶ。

　次の図では、あるシステム開発プロジェクトの取引関係を示した。この例では、元請け企業はITコンサルティング会社で、全体の進行に責任を負う。設計や開発・テスト作業は、顧客企業の情報システム子会社と大手国内メーカー系システムインテグレータが分担した。下請けとして、独立系システムインテグレータやソフトウェア開発会社が入り、時にはライバル同士で協力する。大手国内メーカー系システムインテグレータは、ハード製品も納めている。ソフト製品を納めたのは、別の外資系ソフトウェアメーカーだ。通信サービスは通信キャリアが提供している。

- システム開発プロジェクトにおける取引関係の例。ITコンサルティング会社が「元請け」になったケース

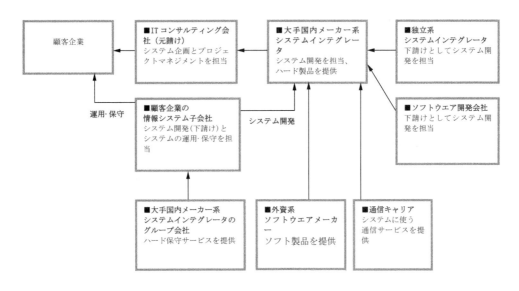

　この例では運用・保守は顧客企業の情報システム子会社が引き受ける。ただし、ハードウェアの保守については、ハード製品を提供した大手国内メーカー系システムインテグレータのグループ会社が担当している。以上はほんの一例。プロジェクトの規模が大きくなると、二次請けがさらに三次請けの会社へと発注する場合もある。

出所:IT業界徹底研究就職ガイド　2018年版（日経BPムック）

単語表

雇用⓪	こよう	雇佣
後述⓪	こうじゅつ	后述
要件③	ようけん	重要的事、要紧的事
分離⓪①	ぶんり	分离
自前⓪	じまえ	自己负担全部费用
保守①	ほしゅ	保养维护
工程⓪	こうてい	进度
通信回線⑤	つうしんかいせん	通信电路、通信线路
プロセス②	process	程序、过程
業態⓪	ぎょうたい	营业状况、企业情况
厳密⓪	げんみつ	严密、周密
ケースバイケース⑥	case by case	具体情况具体处理
コンサルティング③	consulting	咨询
システムインテグレータ⑨	systems integrator	系统集成商
プロバイダー③	provider	网络提供商、运营商
クラウド②	cloud	云
アプリケーション④	application	应用
経由①⓪	けいゆ	经由、通过
元請け⓪	もとうけ	总承包(人)
獲得⓪	かくとく	获得
ノウハウ①	know-how	技术知识、诀窍
下請け⓪	したうけ	转包、分包

文型

1. ～からすると

[解釈] 判断の手がかりを表す。前件をもとに考え出した話者の結論を後件で述べる。

[例文] ①あの口ぶりからすると、彼女はもうその話を知っているようだな。
　　　②雨は人からすると嫌な天気だが、花や木からすると嬉しい天気だ。
　　　③彼の日本語の発音からすると、恐らく中国人だろう。

2. ～から～にかけて

[解釈] 場所や時間を表す名詞を受けて、「二つの地点・時点の間」という意味を表す。

第 11 課　IT 業界の構造と役割分担

［例文］①台風は今晩から明日の朝にかけて上陸するそうだ。

　　　　②今月から来月にかけて休暇をとるつもりです。

　　　　③北陸から東北にかけての一帯が大雪の被害に見舞われた。

3. とはいえ

［解釈］とはいいながら、とはいうものの、とはいっても。

［例文］①男女平等の世の中とはいえ、職場での地位や仕事の内容などの点でまだ差別が残っている。

　　　　②病状は危険な状態を脱して、回復に向かっている。とはいえ、まだ完全に安心するわけにはいかない。

　　　　③生徒の非行には家庭環境が強く影響する。とはいえ、学校教育のあり方にも責任の一端がある。

読み物

IT 活用最前線

事例 1、セブン - イレブン・ジャパン

　新鮮なお弁当がいつもそろっている。映画のチケットも買えるし、ATMから現金も引き出せる。小さな店舗に、生活を支援する機能がぎゅっと詰まっている。これらの機能は、IT（情報技術）なくして成り立たない。

　コンビニエンスストア最大手、セブン—イレブン・ジャパンの競争力の源泉は、「単品管理」にある。単品管理とは、商品一つひとつがなぜ売れたのか、今どう売れているのか、今後どう売れそうかを考えながら「売れ筋商品」と「死に筋商品」を特定する管理手法のことだ。

　売れ筋、死に筋の判断に基づき、店内の商品を素早く入れ替える。こうすれば、面積が限られたコンビニ店舗でも、顧客が望む品ぞろえを充実できる。

　この単品管理を実践するには、データのきめ細かい分析処理と、店頭での機敏な作業が必要だ。そのうえ、セブン—イレブンの店舗チェーンは規模が大きい。店舗数は、全国で1万6000を超える。扱う店頭商品は約2800品目である。弁当やおにぎりなどの主力商品は、物流拠点から専用トラックで1日平均3回納品される。

　これだけの規模で、しかも精密かつ効率的な作業が求められる仕組みは、ITなくして成り立たない。便利なコンビニは、実は「ITの塊」と言ってよい。

　単品管理を支える仕組みの1つが、各店舗に設置された「POSシステム」だ。レジを通じて入力された日々の売れ行きデータが本部に送信される。

　本部のスタッフは、集約されたデータを分析して、商品の売れ筋と死に筋を特定して、各店舗に発注作業の参考情報として配信する。本部では、弁当など商品の発注計画と各店舗への効率的な配送

IT 日语泛读教程

　　計画の策定、新商品の開発などにも活用している。

　　コンビニチェーンはその網羅性と柔軟性から、移動しづらい高齢者の生活インフラとして、また東日本大震災や洪水のような災害時には、食料などをいち早く他地域から運び供給できる社会インフラとしての役割も期待されている。裏側を支えるITにも、今後ますます注目が集まることだろう。

事例2、東日本旅客鉄道（JR東日本）

　　JR東日本は、東日本地域で鉄道事業を展開する。路線の営業キロは延べ約7512 kmで、1日当たりの列車本数は1万2784本だ。1日に1680万人の乗客が利用する。世界でも類を見ない事業規模を持つ同社の鉄道網は、ITの活用でも世界最先端にある。

　　鉄道輸送は今やITなくして成り立たない。JR東日本の駅を例に取り、主要な情報システムとその役割を見ていこう。

　　代表的なシステムの1つが、予約・発券システムだ。駅員はJR駅の「みどりの窓口」に設置された「MARS（マルス）端末」を通じて、列車の座席予約や各種切符の販売を行っている。Webサイトの「えきねっと」とも相互接続しており、乗客はインターネットからも座席を予約できる。

　　ICカード「Suica」をかざすだけでピッと改札機が反応して通れる光景は、読者の皆さんにもおなじみだろう。SuicaはJR東日本が開発し、2001年に初導入した。切符を買う手間が省けるため、券売機に並ぶ行列は減った。Suicaの発行枚数は2014年1月末時点で約4557万枚。一部のスマートフォンでもSuica機能が使える。

　　駅の輸送管理業務を支えるITの代表が運行管理システムの「ATOS」だ。管区内で走る列車のダイヤ情報や運行状況を一元管理する。悪天候や列車の故障で運行が乱れた場合は、ATOS上でダイヤを組み替える。その情報は管区内に通知され、列車の運行を制御する。

　　ATOSの情報は、旅客への案内にも使われる。駅構内にある発車標に、列車の発車時刻や、「快速」など種別を表示する。また、列車の位置情報を使って、間もなく到着するときに表示で知らせる。

　　地震など不測の事態に備えた仕組みにもITが使われている。これは駅外のシステムだが、JR東日本では「早期地震検知システム」を導入している。地震計からの地震情報を制御装置や変電所に送信する。地震が発生した際の安全停止を促す。2011年3月11日の東日本大震災の発生時にもこれが機能し、二次被害の発生を防いだと言われている。

　　「駅ナカ」の売店ではSuicaにチャージしたお金で買い物ができる。顔認識技術を組み込んだ新型飲料販売機も展開している。

　　このように、私たちの身近にある生活インフラであるコンビニや駅は、ITをフル活用している。

　　　　　　　　　　　　出所：IT業界徹底研究就職ガイド2018年版（日経BPムック）

第 12 課

携帯電話・スマートフォン・タブレット端末利用時の脅威と対策

　今では携帯電話にかわり、スマートフォンの利用が急増しています。スマートフォンは、従来の携帯電話に比べてパソコンに近い性質を持った情報端末です。大切な仕事上のデータや、位置情報などのプライバシー情報がスマートフォンに保存されるようになったことで、情報漏洩が発生した場合のリスクがいっそう大きくなっています。またスマートフォンは、アプリケーションをインストールすることで、さまざまな機能を追加することができます。この便利な性質が、一方でパソコン同様、スマートフォンがウイルスに感染するリスクを生んでいます。

　タブレット端末はスマートフォンよりも大きな画面の携帯用端末ですが、性質はスマートフォンとよく似ており、アプリケーションのインストールにより機能の追加が可能である一方、ウイルスに感染する危険性があります。

　スマートフォンやタブレット端末はとても便利であるからこそ、安心して利用するためには、常にパソコンと同様に情報セキュリティ対策に気を配りましょう。

携帯電話・スマートフォンの盗難や廃棄に注意しましょう

　携帯電話・スマートフォンは持ち歩いての利用も多く、紛失したり盗難にあったりする可能性が高くなります。そのような対策として、本人しか使用できないようにパスワードロックをかける機能や、遠隔ロックする機能を利用することが有効です。また企業や組織などで利用している端末を紛失した際には、管理者にすぐ連絡して、指示を仰ぐなどの対応をしましょう。

　なお、携帯電話・スマートフォンに保存された個人情報を目的として、廃棄された端末

を売買するといった事例も発生しています。携帯電話・スマートフォンを廃棄する際には、必ず登録されているアドレス帳や電子メールなどの個人情報を、確実に消去してから廃棄するようにしてください。端末販売店で回収をしていることも多いので、そうした信頼できる事業者に廃棄を依頼するか、安全に廃棄できるリサイクル業者を選んで廃棄を依頼すると良いでしょう。

OSやアプリケーションを最新にしましょう

スマートフォン・タブレット端末のOSやアプリケーションにはパソコンと同様に脆弱性が報告されることがあります。OSやアプリケーションの更新の通知が来たら、忘れずインストールするようにしましょう。

ウイルス対策ソフトの利用を検討しましょう

スマートフォンを狙ったウイルスが発見されています。ウイルスは通常、アプリケーションの中に紛れ込ませる形で配布されており、これまでに、勝手にSMS（ショートメッセージサービス）の送信を行うものや、ワンクリック詐欺の機能を持つものなどが見つかっています。スマートフォンには機種に応じてウイルス対策ソフトが提供されていますので、ウイルス対策ソフトを入れることを検討してください。

信頼できないアプリケーション提供サイトに注意しましょう

通常、アプリケーションは契約している携帯電話会社やOS・機器メーカー等の公式サイトからダウンロードして利用しますが、スマートフォンの機種によっては、それ以外のサイトから自由にアプリケーションをダウンロード可能なものもあります。最近のアプリケーションには、ウイルスだけでなく、端末情報や電話帳内の情報などを十分な説明なく収集するものもあり、これらのアプリケーションによって電話帳内の情報が流出してしまった場合、自分だけでなく友人などにも被害を及ぼすことになってしまいます。特に、運営者の身元が明らかでないサイトからアプリケーションをダウンロードすることは、こうしたアプリケーションが含まれている可能性があるため、非常に危険です。また最近では、公式サイトに似せた偽のアプリケーション提供サイトの出現も報告されていますので、ダウンロードの際には注意しましょう。

アプリケーションの権限、利用条件などを確認しましょう

アプリケーションの中には、個人情報収集のために、スマートフォン内の電話帳情報な

第12課　携帯電話・スマートフォン・タブレット端末利用時の脅威と対策

どを取得するものがあります。インストールする前には、アプリケーションの説明をよく読んで、そのアプリケーションがスマートフォン内のどのような情報や機能にアクセスするのかの表示をよく確認することが必要です。また、インストール時には、本来そのアプリケーションでは使う必要がないと思われる情報（連絡先情報、所有者情報、位置情報など）を収集しようとする確認画面が出てくる場合があります。インストール時に自分の情報の取り扱われ方に不安がある場合は、アプリケーションの利用をあきらめることも検討すべきです。

無線LANアクセスポイントに注意

　携帯電話やスマートフォン・タブレット端末には無線LANの接続機能が付いています。これらのアクセスポイントは無料のものや有料のものもありますが、なかにはわざと無料のアクセスポイントに見せかけて情報を盗み取るような不正なアクセスポイントがある可能性があります。無線LANアクセスポイントに自動的に接続しない設定にするなど、日常的に普段使用している無線LANアクセスポイント以外にはできるだけ接続しないようにしましょう。

OSの改造はやめましょう

　スマートフォン・タブレット端末はOSやソフトウェアを変更することで、通常ではインストールできないソフトウェアをインストールできる場合もあります。こうしたソフトウェア上の改造を行った端末は、本来のセキュリティレベルを下げ、ウイルス感染の危険性が高まるだけではなく、メーカーのサポート対象外となる可能性があります。また、本来は禁止されているサイトから、不正なアプリケーションをインストールしてしまう危険性も高まります。改造は行わないようにしましょう。

のぞき見に注意しましょう

　携帯電話、スマートフォン・タブレット端末は、電車や、バスの移動中など人目に触れやすいところで操作する場合、後ろからのぞき見されるなどの危険性もあります。人混みの中ではアカウント情報の入力などの機微な操作を行わない、画面操作時に周りの視線に注意する、のぞき見防止シールなどを貼る、などの対策を意識しましょう。

写真の位置情報に注意しましょう

　スマートフォン・タブレット端末のようなGPS機能を搭載した端末で撮影した写真に

は、設定によっては、目に見えない形で、撮影日時、撮影した場所の位置情報（GPS情報）、カメラの機種名など、さまざまな情報が含まれている場合があります。SNSなどに、こうした位置情報などが付いた写真をよく確認せずに掲載してしまうと、自分の自宅や居場所が他人に特定されてしまう危険性があり、迷惑行為やストーカー被害などの犯罪の被害に遭う可能性もあるため、十分注意が必要です。事前に使用している端末の設定を確認しておくようにしましょう。

スマートフォンを使うとき、周囲の状況にも注意しましょう

歩きながらなど、移動しながらスマートフォンを操作していると、周囲の状況に対して不注意になり、トラブルにつながる場合もあります。周囲に迷惑をかけないよう、移動しながらの利用は控えましょう。

出所：http://www.soumu.go.jp/main_sosiki/joho_tsusin/security/enduser/security02/14.html

単語表

脅威①	きょうい	威胁
プライバシー②	privacy	隐私、私生活
漏洩⓪	ろうえい	泄露
インストール④	install	安装
盗難⓪	とうなん	失窃、被盗
廃棄①⓪	はいき	废弃
紛失⓪	ふんしつ	遗失、丢失
仰ぐ②	あおぐ	请求
売買①	ばいばい	买卖
消去①	しょうきょ	涂掉、删掉
脆弱性⓪	ぜいじゃくせい	软弱性
紛れ込む④⓪	まぎれこむ	混入
配布⓪①	はいふ	散发
ダウンロード④	download	下载
流出⓪	りゅうしゅつ	流出、流失
身元⓪③	みもと	出身、来历
偽⓪	にせ	假冒、假货、赝品
権限③	けんげん	权限

第12課　携帯電話・スマートフォン・タブレット端末利用時の脅威と対策

取り扱う⑤⓪	とりあつかう	处理、办理
アクセスポイント⑤	access point	接入点
見せかける⓪④	みせかける	假装、装饰
不正⓪	ふせい	不正当
改造⓪	かいぞう	改造
覗き見⓪	のぞきみ	窥视、偷看
人混み⓪	ひとごみ	人群、人多拥挤的地方
機微①	きび	微妙之处
シール①	seal	贴签、贴纸
日時①②	にちじ	日期和时间
掲載⓪	けいさい	刊登、登载
居場所⓪②	いばしょ	住处
ストーカー②⓪	stalker	跟踪狂、骚扰者

文　型

1. ～にかわり

[解釈] あるものがするはずのことを他のものがするという意味を表す。

[例文] ①出張中の社長にかわり、副社長が会議に出席した。
　　　②母が風邪をひいたので、母にかわり父が晩ご飯を作ってくれた。
　　　③入院した大統領にかわり、外務大臣が来日した。

2. からこそ

[解釈] 理由や原因を取り立てて特に強調する言い方。

[例文] ①これは運じゃない。努力したからこそ成功したんだ。
　　　②愛が終わったから別れるのではなく、愛するからこそ別れるという場合もあるのだ。
　　　③忙しくて自分の時間がないという人がいるが、私は忙しいからこそ時間を有効に使って自分のための時間を作っているのだ。

注　釈

1. SMS（short message service）

携帯電話などで、比較的少ない文字数の文章を送受信できるサービス。

出所：https://ja.wikipedia.org/wiki/%E3%82%B7%E3%83%A7%E3%83%BC%E3%83%88%E3%83%A1%E3%83%83%E3%82%BB%E3%83%BC%E3%82%B8%E3%82%B5%E3%83%BC%E3%83%93%E3%82%B9

2. ワンクリック詐欺

インターネットや携帯電話のウェブサイトを利用して、不当な料金請求を行う詐欺の一。パソコンや携帯電話機からアダルトサイトや出会い系サイトなどにアクセス(リンクを1回クリック)するだけで、いきなり不当な利用料金請求の画面が表示され、金銭をだまし取ろうとする手口。

出所：https://kotobank.jp/word/％E3％83％AF％E3％83％B3％E3％82％AF％E3％83％AA％E3％83％83％E3％82％AF％E8％A9％90％E6％AC％BA-10198

読み物

ゲーム機の安全対策

最近のゲーム機の多くは、無線LANなどを通じて、インターネットに接続できる機能を持っています。この機能を使って、インターネット経由で対戦ゲームをしたり、アプリケーションをダウンロードしたりすることができます。専用のWebブラウザを備え、インターネット上のホームページを閲覧できる機能を備えたものも登場しています。

ゲーム機は、パソコンやスマートフォンなどと同様に、次第に子どもたちがインターネットに触れる際の主要な媒体の一つとなってきています。インターネット上にはさまざまな有害サイトが存在しているため、子どもがゲーム機でインターネットを利用する場合、年齢に合わせた閲覧制限などの対策を取ることが推奨されます。

また、携帯型ゲーム機の場合、外部へ持ち出して無線LANに接続することができます。ゲームメーカー側でも、このような利用形態を推進しており、ファーストフード店や家電量販店、大型スーパーなどには、ゲームメーカー公式のWi-Fiスポットなどが整備されるようになりました。

他方で、街中には、無料の公衆無線LANや、一般家庭の無線LANアクセスポイントからの漏洩電波、テザリング機能付きのスマートフォンの電波など、さまざまな無線LANの接続機会があります。このような無線LANアクセスポイントの中には、悪意があるもの、セキュリティ設定が不十分なものが含まれている可能性があり、そのような無線LANに接続すると、通信内容を盗聴されるなどの脅威が発生する可能性があります。

インターネット接続できるゲーム機では、パソコンでの利用と同様にリスクがあることを理解し、以下のようなセキュリティ対策をすることが必要になります。

フィルタリングやペアレンタルコントロール(視聴年齢制限)をゲーム機に設定しましょう

フィルタリングは、子どもがインターネットを利用する際、有害サイトへのアクセスをブロックする機能です。フィルタリングソフトは、パソコン向け、スマートフォン向け、ゲーム機向け、ブロードバンドルータや無線LANアクセスポイント向けなど、利用者の利用環境に合わせて、さまざまな機器向けの製品が開発されています。家庭内でフィルタリングが必要な機器により、サービスの選択を検討してみてください。

第12課　携帯電話・スマートフォン・タブレット端末利用時の脅威と対策

　ただし、携帯型ゲーム機は、街中で使うことが想定されるため、ゲーム機本体ではなく、家庭内のブロードバンドルータなどでフィルタリングを実施している場合には、外出先ではフィルタリングが機能しない点に留意すべきです。ゲーム機本体へのフィルタリング機能の導入も検討した方がよいでしょう。

　ペアレンタルコントロールは、子どもの情報機器の利用を保護者が制限し、管理する考え方です。ゲーム機に備えられているペアレンタルコントロール機能を使用し、子どもに悪影響を及ぼす可能性のあるゲーム利用や、アイテムなどの購入、インターネットの利用を制限することができます。

　一度ペアレンタルコントロールを設定すると、子どもが制限された機能を使用したり、制限されたサイトに接続しようとした場合には、事前に設定した、暗証番号やパスワードなどの入力が要求されます。こうした暗証番号やパスワードは保護者がしっかり管理することで、子どもの利用制限をすることが可能です。

家庭内でのルールを明確化しましょう

　フィルタリング機能は、子どもの年齢にあわせて、閲覧できるサイトを変更することもできます。子どもの成長やリテラシーの向上に合わせたセキュリティ対策を実施しましょう。

　また、ゲーム機の利用や、ゲーム機以外のパソコンや携帯電話・スマートフォンなども含めたインターネットの利用については、子どもと一緒に話し合い、家庭内でルールを決め、それを守らせるようにすると良いでしょう。

怪しいアクセスポイントに接続しない

　街中で悪意のある無線LANアクセスポイントなどに接続しないために、あらかじめ家庭内のルールで、外出先ではインターネットに接続しない、または、利用してもよい事業者のアクセスポイントを決めておくなどして、ルールを守らせることが有効だと考えられます。

出所：http://www.soumu.go.jp/main_sosiki/joho_tsusin/security/enduser/security02/15.html

第 13 課

デジタル技術が可能にする安心な暮らし

　世界的に見ても極端な少子高齢化が進む日本では、これまでにない新たな社会課題が相次いで浮上してきている。その中でも喫緊の課題となっているのが社会的弱者を支援する仕組みづくりだ。総人口に占める割合が急増する高齢者、そして割合が減少するにもかかわらず次世代で経済・社会を支えなければならない子どもたち—。こうした社会的弱者が安全・安心な生活を営めるような仕組みがなければ、日本という国のサステナビリティー（持続可能性）が担保できなくなるといって過言ではない。

　製品・サービスや業務プロセスをデジタル化する「デジタルシフト」が進展している現在、社会的弱者を支援する仕組みにも最新のデジタルテクノロジーを取り入れることによって、高齢者や子どもがこれまでよりも安全・安心な生活を営める環境を構築することが可能になる。

参加者間で円滑に情報連携する仕組みが不可欠に

　内閣府の「平成29年版高齢社会白書」によると、2016年における総人口に占める65歳以上人口の割合（高齢化率）は27.3％。約50年後の2065年には高齢化率が38.4％に達し、2.6人に1人が65歳以上という状況になる。65歳以上の一人暮らし世帯も増加の一途をたどっており、2025年には82万世帯を超え、総世帯数に占める割合は13％を超えるともいわれている。

　このような高齢化社会を迎えるに当たって、2012年4月に施行されたのが改正介護保険法だ。同法では、高齢者が自立した生活を営むことを可能にする「地域包括ケアシステム」の構築が、国および地方自治体の責務として規定された。地域包括ケアシステムとは、地域住民に対する医療・介護・予防・住まいなどのサービスを関係者が連携して体

第 13 課　デジタル技術が可能にする安心な暮らし

系的に提供する体制のこと。

　現在、全国の地方自治体がシステムの構築を進めている。例えば、静岡市が推進する「自宅でずっと」プロジェクトはその1つ。同市の地域包括ケアシステムは、「医療・介護の専門職の連携による支援の輪」と「地域の市民の連携による支援の輪」を構築し、この2つを連携させて、高齢者と家族を支援する仕組みだ。この取り組みの中で、医療や介護などの関係者による「静岡市在宅医療・介護連携協議会」を設置し、事業の検討、情報交換などを行っている。さらに、具体的な事業の実践・検証を行う企画部会、ICT 部会、啓発・研修部会、地域支援部会を設置し、継続的な検討を行っている。

　地域包括ケアシステムの成否の鍵を握っているのは、システムの参加者の間でいかに円滑に情報を連携させるかということだ。地方自治体や医療・介護などのサービス事業者、NPO（非営利団体）などがそれぞれ独自に収集・管理している情報を共有することによって、サービスを提供するスピードや質を向上させることができるからだ。

非日常的な行動をセンサーで検知することが可能に

　改正介護保険法の地域包括ケアシステムでは、医療・介護・予防・住まいと並んで、見守りなどの生活支援が高齢者を支援する重要な取り組みとして位置づけられている。これは、「高齢者の見守り」も国や地方自治体が取り組むべき課題の1つであることを意味している。

　東京都福祉保健局が発行している「高齢者等の見守りガイドブック（第2版）」では、高齢者に対する見守りを(1)地域住民や民間事業者が日常生活・業務の中で「いつもと違う」「何かおかしい」と感じる人がいたら専門の相談機関に相談する「緩やかな見守り」、(2)定期的な安否確認や声掛けが必要な人に対して、民生・児童委員、老人クラブ、住民ボランティアが訪問する「担当による見守り」、(3)認知症、虐待など対応が困難なケースに対して、地域包括支援センターなどの専門機関の職員が専門的な知識や技術を持って行う「専門的見守り」—の3つに分類している。

　こうした課題を解決するために、近年デジタルテクノロジーで「緩やかな見守り」を実現する動きが加速している。センサー技術を活用した高齢者見守りシステムが相次いで登場しているのだ。その特色や仕組みは製品によってさまざまで、介護サービス事業者が安全性の確保や職員の負担軽減を目的に導入するケースもある。

■ IT日语泛读教程

　例えば、あるベンチャー企業が開発した見守りシステムでは、複数の小型センサーを居室に設置し、高齢者や要介護者の生活情報を24時間365日、自動収集する。センサーは、心拍計（心拍数、呼吸数、離床・寝返りを検知）、動作検知（人の動きや室内の照度・温度・湿度などを検知）、そしてドア利用状況の検出（ドアや窓の開閉、照度などを検知）の3種類。これらのデータを自動的にクラウドに送り、時系列に沿って見やすく処理した結果を専用ウェブサイトで確認できるようにした。「いつも起きる時間に動きがない」「夜中に玄関のドア開閉センサーが反応した」など、あらかじめ設定しておいた「通常とは異なる条件」に合致すると、家族や介護職員などにメールで通知する仕組みだ。

ICタグやビーコン端末で子どもの行動を追跡する

　もう一方の社会的弱者である子どもを対象とした見守りシステムも、さまざまな地域で実用化されている。総務省は、2009年1月に「児童見守りシステム導入の手引書」を公表している。

　北海道岩見沢市のシステムは、ランドセルなどに入れたICタグが校門に設置されたセンサーの近くを通過すると、登下校情報として保護者にメールで通知する仕組みになっている。このシステムはカメラとも連動しており、専用のウェブサイトにログインすると校門通過時の画像を閲覧することも可能だ。このほか、不審者情報などをメールで一斉配信する機能も備えている。同市では市内の全小学校にシステムを導入しており、希望者全員にICタグを無償で貸与している。

　最近では、ICタグだけでなく、ビーコン端末を活用する取り組みも増えつつある。東京都墨田区が2017年6月から、自動販売機を利用した見守りサービスの実証実験を始めている。区内に設置しているアサヒ飲料の自動販売機のうち約100台に無線ルーターを搭載し、情報中継拠点や情報発信拠点となる地域ネットワークを構築している。ビーコン端末を携帯した子どもや高齢者が自動販売機の近隣を通ると、それぞれの位置情報履歴や活動状況などが、家族のスマートフォンやパソコンに伝わる仕組みだ。

出所：https://special.nikkeibp.co.jp/atclh/NBO/17/hitachi1212_01/p1/

第13課　デジタル技術が可能にする安心な暮らし

単語表

浮上⓪	ふじょう	浮出、显露
喫緊⓪	きっきん	紧急、急需、紧迫
弱者①	じゃくしゃ	弱者
営む③	いとなむ	营造
サステナビリティー⑤	sustainability	持久性
担保⓪	たんぽ	担保
過言⓪	かごん	夸张、言重
連携⓪	れんけい	联合、合作
内閣府④	ないかくふ	内阁府
白書①	はくしょ	白皮书
世帯②①	せたい	家、家庭
一途をたどる	いっとをたどる	向着某一目标一直前进
改正⓪	かいせい	更改、修改
介護①	かいご	护理
包括⓪	ほうかつ	综合
ケア①	care	照管、关怀
在宅⓪	ざいたく	在家、上门
協議会③	きょうぎかい	协会
検証⓪	けんしょう	验证、查验
成否①	せいひ	成功与否
見守り⓪	みまもり	关怀
ガイドブック④	guidebook	指南
安否①	あんぴ	平安与否
認知症⓪	にんちしょう	痴呆症
虐待⓪	ぎゃくたい	虐待
軽減⓪	けいげん	减轻
居室⓪	きょしつ	居室
心拍計⓪	しんぱくけい	心率监测装置
離床⓪	りしょう	起床
寝返り⓪④	ねがえり	翻身
開閉⓪	かいへい	开关
照度①	しょうど	发光强度、(光)照度

時系列②	じけいれつ	时间系列
合致⓪	がっち	符合、吻合
手引書④⓪	てびきしょ	入门书
ランドセル③④	ransel	背包
ログイン③	log in	登录
不審⓪	ふしん	怀疑、可疑
貸与①	たいよ	贷给、借给
ルーター⓪	router	路由器
中継⓪	ちゅうけい	转播
拠点⓪	きょてん	据点

文 型

1. ～にもかかわらず

［解釈］前述の事柄を受けて、それと相反する行動をとる意を表す。
［例文］①悪条件にもかかわらず、無事登頂に成功した。
　　　　②あれだけ努力したにもかかわらず、すべて失敗に終わってしまった。
　　　　③母が止めたにもかかわらず、息子は出かけていった。

2. ～にあたって

［解釈］…するその時に。…に際して。
［例文］①試合に臨むにあたって、相手の弱点を徹底的に研究した。
　　　　②開会にあたって一言ご挨拶を申し上げます。
　　　　③就職するにあたって、スーツを新調します。

3. ～に沿って

［解釈］…にしたがって。…とおりに。
［例文］①既定方針に沿って行う。
　　　　②書いてある手順に沿ってやってください。
　　　　③練習メニューに沿って、練習する。

注 釈

1. 内閣府

　　内閣に置かれる行政機関の一。内閣官房を助け、内閣の重要政策に関して各省より一段高い立場から企画立案・総合調整を行う。また、皇室、栄典および公式制度、北方対策など内閣総理大臣が直轄する行政事務の処理を担う。

　　　　　　　　出所：https://ja.wikipedia.org/wiki/%E5%86%85%E9%96%A3%E5%BA%9C

第13課　デジタル技術が可能にする安心な暮らし

2. ICT

情報・通信に関連する技術一般の総称。

出所：https://hnavi.co.jp/knowledge/blog/ict/

3. 認知症

いったん発育した脳が損傷されて、その結果として、それまでに獲得された知的能力が低下してしまった状態をいう。この状態について、日本では長らく「痴呆（ちほう）」という呼称を用いてきたが、2004年（平成16）に厚生労働省が、一般的な用語や行政用語としては「認知症」が適当であるとの見解を示し、「認知症」を用いることとなった。

出所：https://kaigo.homes.co.jp/manual/dementia/

4. ICタグ

非接触で情報の読み書きをするICチップ。電波の送受信で商品の識別、管理などに利用される。バーコードよりも多くの情報を記録できる。

出所：https://ja.wikipedia.org/wiki/IC%E3%82%BF%E3%82%B0

📢 読み物

スマートホーム産業、大ブームの兆し
―IT大手も続々と参入

冷蔵庫を開けて食材を取り出すとき、冷蔵庫に向かって「魚香肉絲の作り方は？」と言うと、冷蔵庫のパネルに作り方を教える映像が出てくる。スマホで入浴の時間と水温を設定すると、浴室の照明が自動的に点灯し、バスタブに水が入り、調温する…。

このようなシーンはこれまで、SF映画だけで見られるものだった。しかしスマートホーム産業が発展する現在、それは映画のスクリーンから飛び出し、一般の人々の日常風景になりつつある。

アマゾンが1年に1度開催する大セール「プライムデー」において、「Echo Dot（エコー ドット）」と呼ばれる音声アシスタント内蔵スピーカーが人気を集めた。音声アシスト機能を通じ、ユーザーはスピーカーとの会話を通じて今日のニュースや家族の伝言を受け取ることができる。アマゾンが販売価格を抑えたことで、この商品はプライムデーでの売上高が昨年の6倍以上に跳ね上がった。

統計サイトのStatistaのデータによると、2016年の世界スマートホーム市場規模は168億ドルに達し、2021年には793億ドルになると予測されている。

市場の動きに呼応するように、今年に入り世界のIT大手が続々とスマートホーム事業に参入しており、この市場をめぐるパイの奪い合いが始まっている。マイクロソフトは最近、「GLAS」と呼ばれるスマート温度調節器を開発している。マイクロソフトの音声アシスト「Cortana」を搭載するこの製品は、部屋に人がいるかどうかや室内空気の品質を自動的に測定することができる。

世界のスマートホーム産業の台頭は、中国市場の発展も促している。業界の40年近い起伏を経

て、今や中国は堂々たる家電大国になっている。しかし、「家電強国になる」という目標を達成するために、スマート化は避けることのできない関門である。

　国務院は先ごろ、「新世代のAI発展計画」を発表した。同文書は、AIを核心とする産業を2020年までに1500億元規模、関連産業で1兆元規模以上に引き上げるとしている。また2025年までに、新世代AIをスマート製造、スマート医療、スマートシティ、スマート農業などの分野で広く応用するという。

　AIの発展は、必然的にスマートホーム産業も迅速に発展させるだろう。良好な発展見通しと政策環境の下、スマートホームは中国家電業界でも注目されている。ハイアールや美的といった大手家電メーカーから、ファーウェイや百度などIT企業が、続々とスマートホーム産業に参入している。

　中国のスマートホーム産業はスタートが遅れているが、巨大な市場ニーズから、最大のポテンシャルを持ち、最速で成長する産業となっている。「易観シンクタンク」のデータによると、2018年までに中国のスマートホーム産業は1800億元規模になり、大量の資本投入と企業参入が予想されている。市場は百家争鳴の局面を迎えそうだ。

　　　　　　　出所：http://japanese.china.org.cn/business/txt/2017-08/13/content_41400701.htm

第 14 課

未知なる発見を実現する新型計算機の登場
——量子コンピューター

　2017年は量子コンピューター元年だった。その理由として挙げたのが、IBMの量子コンピューター「IBMQ」が、2017年の5月17日に17量子ビット(Qbit)を実現したということからだ。この一、二年で量子コンピューター研究および技術開発が急速に進展した。IBM、Google、アリババ——IT大手企業が相次いで、量子コンピューターのクラウド提供を進めている。量子コンピューターは従来のスーパーコンピューターを超える処理能力を有し、これからのビジネスを変える大きなファクターとなりうる存在だ。

　そのため各国でも重要技術と見込み、投資が進んでいる。米国では同分野の研究を国家安全保障・国際競争力確保の重要技術と捉え、年200億円を投じる。EUでも10年で約1200億円のプロジェクトを立ち上げるという。日本では、10年間で300億円の予算を立てる方針である。

量子コンピューターは従来型のコンピューターと何が違う?

　この「量子コンピューター」というのは従来型とは仕組みが異なる、スーパーコンピューター以上の計算能力を誇るコンピューターだ。従来型コンピューターの性能向上の限界が見え始めているなか、次世代のコンピューターとして注目されている。

　量子コンピューターが従来型のコンピューターと大きく違うのは扱うデータの単位だ。従来のコンピューターは「0」または「1」という状態の違いを「ビット」として扱うことで計算を行なう。しかし、量子コンピューターでは「0と1が重なり合う」という状態を含めた「量子ビット(キュービット)」を扱うことができる。これは量子力学の「重ね合わせの原理」を計算プロセスに応用しているためだ。

すなわち、従来型のコンピューターでは一つしか答えを導けないところを複数の答えを導くことができるため、並列処理が可能となる。これによって、膨大なデータを瞬時に処理することができるのだ。その処理能力はスーパーコンピュータの1億倍ともいわれ、まさに、「夢の次世代コンピューター」ともいえるコンピューターなのである。

量子コンピューターのアイディアは、ノーベル物理学賞を受賞した米国の理論物理学者、故リチャード・ファインマン博士によって1982年に提唱された。その後、世界中の企業が量子コンピューターの開発に参入した。日本の家電メーカーは基礎研究と特許出願数で世界をリードしていたが、技術開発の難しさに加え、日本では景気の後退も重なって、2010年ごろには企業の撤退が相次いだ。

現在の量子コンピューターブームは、カナダの量子コンピューター企業 D-Wave Systemsが商用化した量子コンピューターによるところが大きい。D-Wave Systemsが量子コンピューターを2011年に商用化した。さらに2015年には、GoogleとNASA(アメリカ航空宇宙局)がこのコンピューターを使って、「1000個の変数を持つ『組み合わせ最適化問題』を、従来のコンピューターと比べて最大1億倍の速さで解いた」という研究成果を発表し、世界中の注目を集めた。

この成果は、特定の条件下で得られたものであるが、量子状態を用いた高速処理が可能であることを実証し、量子コンピューターブームを再燃させるきっかけとなった。以降、国内外の研究機関やITベンダーが量子コンピューターの開発に再び注力し始めている。

AIと結びつくことで大きなインパクトが生まれる

量子コンピューターのこの驚異的な処理能力は、普及したときには世の中に大きなインパクトを与えるだろう。

例えば、金融業における投資ポートフォリオの最適化。世にある膨大な銘柄から最適な組み合わせを求めるのに量子コンピューターは絶大な力を発揮するだろう。

また、化学物質の組み合わせにより行う新薬開発。現在は世界の大手が莫大な開発費をかけて行なっているが、量子コンピューターを使えば複雑な組み合わせも処理可能となり、開発コストも大幅に削減できるだろう。

そして最もインパクトの大きそうなのが、人工知能(AI)への応用である。量子コンピューターを用いることで、人工知能の機械学習(データを元に自ら学ぶ機能)の精度を飛

第14課　未知なる発見を実現する新型計算機の登場──量子コンピューター

躍的に高められると見られている。これによって、自動運転車などもより実現が早まるかもしれない。

　そんなインパクトを与える量子コンピューターだが、もちろん所有するのは容易ではない。そのため冒頭で触れたようにクラウドによる利用が早くも盛り上がりを見せ始めているようだ。IBMでは2016年から一部に提供しており、中国の大手IT企業のアリババも2018年3月から提供を開始している。Googleも2018年中の提供を目指すとしている。クラウドで利用できるとなれば、企業も導入しやすい。今後、活用する企業はますます増えてくるだろう。

　　　　　　　出所：https://www.ibm.com/blogs/think/jp-ja/ibmq-future-with-quantum-computer/

🔊 単語表

元年①	がんねん	元年
ビット◎	bit	比特（计算机中最小信息单位）
有する③	ゆうする	拥有
ファクター①	factor	要因、因素
立ち上げる④	たちあげる	着手、开始
誇る②	ほこる	夸耀、自豪
力学②◎	りきがく	力学
重ね合わせの原理	かさねあわせのげんり	重叠原理
導く③	みちびく	引导、推断
並列◎	へいれつ	并列
瞬時①	しゅんじ	瞬间
受賞◎	じゅしょう	获奖、得奖
提唱◎	ていしょう	提倡、倡议
特許①◎	とっきょ	专利特许
出願◎	しゅつがん	申请
撤退◎	てったい	撤退
ブーム①	boom	……热、流行
再燃◎	さいねん	复燃、再现
以降①	いこう	以后
驚異的◎	きょういてき	惊人的
インパクト①	impact	冲击、影响

銘柄⓪	めいがら	品种
絶大⓪	ぜつだい	极大、巨大
新薬①⓪	しんやく	新药
莫大⓪	ばくだい	极大、非常多
コスト①	cost	成本、费用
削減⓪	さくげん	削減
精度①	せいど	精密度
飛躍的⓪	ひやくてき	飞跃的
冒頭⓪	ぼうとう	开头
触れる⓪	ふれる	言及、提到

文型

1. ～得る

[解釈] 動詞の連用形の下に付いて、可能の意を表す。…することができる。

[例文] ①たばこは癌の原因になり得るそうだ。

②21世紀には人が月で生活することもあり得るかもしれない。

③努力しないで、試験に合格することなどあり得ない。

2. ～をもとに（して）

[解釈]「ある物を材料・ヒント・根拠などにして」という意味を表す。

[例文] ①実際にあった話をもとにして脚本を書いた。

②人の噂だけをもとにして人を判断するのはよくない。

③この地方に伝わる伝説をもとにして、映画を作ってみたい。

3. ～となれば

[解釈]「…のような場合は」「…のような状況になった場合は」「…のような事実を踏まえると」などの意味を表す。

[例文] ①外国に住むとなれば、やはりその国の言葉ぐらいは勉強しておいたほうがいい。

②今から急いで行ってももう間に合わないとなれば、焦っても仕方がない。

③メンバーを増員するとなれば、私の負担も少なくなるだろう。

読み物

ビジネス応用への一歩を踏み出す量子コンピューター
―道路の渋滞解消に量子コンピューターを利用

慢性的な渋滞で知られるタイのバンコク市内で、量子コンピューターを使って渋滞解消を目指す

第14課　未知なる発見を実現する新型計算機の登場──量子コンピューター

　実証実験が進められている。実験を実施しているのは自動車部品の大手サプライヤーであるデンソーと、様々なシステム開発を手掛ける豊田通商だ。

　ドライバーにとって悩ましいことの一つは渋滞だ。渋滞は時間やエネルギーのロスを生み出すだけでなく、ストレスから交通事故の引き金ともなりやすい。自動車の数は新興国を中心に増える一方で、特にバンコク市内で発生する渋滞はその激しさで世界的にも有名だ。バンコク周辺には600万台のクルマと400万台のオートバイが走っていると言われ、道路などインフラ整備はその増加にまったく追いついていない。

　そんな中、豊田通商の子会社の豊通エレクトロニクスは2011年より「Tスクエア」と呼ばれる渋滞予測アプリを実用化している。すでにタクシーやトラック約13万台に搭載して、ドライバーを空いている道へ誘導するソフト面での運用を図ってきた。

　しかし、現状では単に空いている道へ誘導するだけの、いわば『対処療法』にしかすぎない。空いている道路があるからとして多くのクルマを誘導すれば、今度はそこで渋滞を引き起こしてしまう。クルマ一台ごとに適切に対応できれば渋滞は減少できるはずだ。ただ、従来のコンピュータでは対応は不可能だった。そこで量子コンピュータの登場となったわけだ。デンソー先端研究3部の寺部雅能氏は「このバンコクでの実績があったからこそ今回の実証実験が始められた」と話す。

　つまり、量子コンピュータの高い処理能力を使うにしても、その計算の元となるデータがなければ意味がない。その意味でTスクエアが積み上げてきたバンコクでの実績は実験にあたって有効だった。

　取材では量子コンピュータの仕組みについても説明された。そして、どのぐらいの処理能力を持っているかを聞くと、寺部氏は「従来のコンピュータなら1週間かかった解析が1分程度で終えることができる」と話してくれた。「今まではせっかくデータがあるのに処理が追いつかないことから、道路の効率的な運用ができなかった。量子コンピュータの処理能力を活かせば、百万台単位のクルマが一斉に移動してもそれぞれに最適化したルートを案内できる。」

　すでにTスクエアの情報を配車に活かしているタクシー会社も訪問した。実験では、量子コンピュータを使用することで、タクシー配車や緊急車両の到着時間がどのぐらい速達化できるかを試している。その結果、「タクシー9台と配車リクエスト9件の総距離が最小になる組み合わせを求めたところ、約36万通りのもの組み合わせを、わずか20マイクロ秒という高速で処理できた」(寺部氏)という。

　実用化について寺部氏は「現状ではこれを運用するアプリケーションが登場しておらず、ハードの開発も途上にある。実データの解析を続けることで実用化への糸口を掴みたい」とのこと。バンコクの渋滞がウソのように消えていた！　そんな日がやがて、やってくるのかもしれない。

出所：https://response.jp/article/2018/05/30/310289.html

第15課

インターネット犯行にはどのようなものがあるか

1、外部からの犯行

　ここでいう外部からの犯行とは、インターネット接続に関することが中心になります。外部からの犯行の代表例として、次のようなものがあります。

1-1、不正侵入

　現実の世界における不正侵入は、読者の皆さんの自宅に忍び寄り、無断で家のタンスや金庫を開ける犯罪行為です。泥棒と同じです。

　これをネットワークの話に置き換えると、各種業務サーバや認証サーバに対し、許可のないアカウント権限で不正にアクセスすることを不正侵入といいます。たとえば、見知らぬ人がインターネットを介して、企業内のネットワークを通って業務用サーバなどに無断で侵入することです。

　サーバに侵入されるだけでなく、最悪、ほかのサーバへ侵入するための「踏み台」に利用されるケースも考えられます。また、ハードディスクやCPUなどのリソース(資源)を不正に使用されるケースも考えられるでしょう。

1-2、情報の盗聴

　情報の盗聴とは、「盗聴器を仕掛け、機密情報を盗みとる」という犯罪行為をイメージしてください。

　たとえばインターネット網は、誰もが利用できるオープンなネットワークです。そのため、悪意を持った者がネットワーク上をデータが通過するのを待ち受けて、他人の電子メールやパスワード、クレジットカード番号などの情報を盗む恐れがあります。

第 15 課　インターネット犯行にはどのようなものがあるか

1-3、なりすまし

「情報の盗聴」が発展するとどうなるでしょうか？不正に入手したデータを利用して、本人のふりをして情報を利用されることが考えられます。これが「なりすまし」です。

インターネットの世界では、相手が本人であるかどうかを確認することが難しく、なりすますことが比較的容易にできてしまいます。

たとえば、悪意を持った者が、ある会社の社員証を何らかの方法で入手したとします。その社員証を首からぶら下げて、本人のふりをして会社内に侵入するという行為もなりすましです。

他人のIDとパスワードを盗み聞きし、サーバへログインするときにそのIDとパスワードを使うこともなりすましに該当します。

1-4、DoS 攻撃

DoS(Denial Of Service)攻撃は、ネットワークそのものや、サーバ、ホストなどの端末に対して膨大なデータを送りつける悪質な行為です。ネットワークやサーバ、ホストの負荷が重くなり、正常な情報の処理ができなくなることがあります。

具体的には次のような攻撃を行います。

- 大量のアクセス要求によってホストやサーバに負荷をかけて、正規のユーザーの使用を不能にする
- スパムメールでディスク自体を浪費させ、サーバを使用不能にする

1-5、ウイルス

読者の皆さんもインフルエンザにかかったことがあるでしょう。つまり、ウイルスです。体がだるい、高熱が出る、さらには他人にも感染します。自宅から外出するのを禁止されるケースもあります。悪くいえば隔離された状態になります。

コンピューター上におけるウイルスも同様です。コンピュータウィルスの中には、データやシステム自体を破壊し、業務を停止させてしまうような悪質なものもあります。

コンピュータウィルスに感染すると、たとえば次のような症状が出ます。

- コンピューターの動作速度が極端に遅くなる
- システム自体が突然ダウンしたり、起動しなくなったりする
- 大量のデータがネットワークに流れてしまう

- 電子メールにウイルスが添付され、勝手に送信されてしまう

われわれが身近にかかるインフルエンザでも、体がだるくなったり、突然高熱が出たり、体に変化が生じます。そういった自然界のウイルスと何ら変わらないのです。

2、内部からの犯行

昨今では、内部という側面でもネットワークセキュリテイの対策を講じなければならなくなってきています。その理由として、企業内の環境の変化が挙げられます。

- そもそもネットワークを使う人が増えた
- 正社員以外の人も一緒のオフィスで働くようになった
- 情報そのものの価値が高まった

内部からでも、外部からと同様の犯行が発生することが考えられます。

- 不正侵入
- 情報の盗聴
- なりすまし
- ウイルス
- 情報の持ち出し

不正侵入は、内部からの場合も、外部からの犯行と本質的に違いはありません。違いは、「侵入口がインターネット網を経由してファイアウォールを越えているかどうか」です。

外部からの不正侵入は、インターネット経由でファイアウォールを越えての侵入でした。一方、内部からの犯行の場合は、不正端末が企業内のLANに直接アクセスし、業務用サーバなどに無断で侵入することがあります。当然、内部から、つまり社内関係者のほうが容易に社内ネットワークにアクセスできますし、機密性の高い業務サーバへアクセスすることが可能なのは想像がつくでしょう。

そのほか、「情報の盗聴」「なりすまし」「情報の持ち出し」「ウイルス」も同様です。外部との違いは、その侵入口がファイアウォールを越えてのものかどうかです。

出所:『ネットワーク超入門講座セキュリティ編』(ソフトバンク・クリエイティブ株式会社 2010 年 10 月 1 日)著者:久米原栄　三上信男

第 15 課　インターネット犯行にはどのようなものがあるか

単語表

忍び寄る④⓪	しのびよる	偷偷接近、不知不觉地临近
無断⓪	むだん	擅自、私自
踏み台⓪	ふみだい	跳板、垫脚石
ハードディスク④	hard disk	硬盘
リソース②	resource	资源
盗聴⓪	とうちょう	窃听、偷听
機密⓪	きみつ	机密
オープン①	open	开放、公开
待ち受ける④⓪	まちうける	等待、做好准备等候
なりすます④⓪		冒充
ぶら下げる⓪	ぶらさげる	悬挂、垂、吊
該当⓪	がいとう	符合、相当
ホスト①	host	主机
送りつける⑤	おくりつける	单方面送交
負荷①	ふか	负荷、载荷
スパムメール④	spam mail	垃圾邮件
隔離⓪①	かくり	隔离
ダウン①	down	停止工作、瘫痪
添付⓪①	てんぷ	添加、附上
経由①⓪	けいゆ	经由、通过
ファイアウォール④	firewall	防火墙

文型

〜とする

［解釈］「仮に…と考える」という意味で、仮のものとして設定するという話し手の意識的な条件設定の意識が強い。

［例文］①君がそこに居合わせたとする。
　　　　②今、東京で関東大震災と同程度の地震が起こったとしよう。その被害は当時とは比べものにならないものになるだろう。
　　　　③今仮に1億円の宝くじがあなたに当たったとします。あなたはそれで何をしますか。

📢 読み物

近代私法と情報

　情報が法や倫理の問題になる時とは、いったいどういう状態なのだろうか？ 大まかにまとめてみると以下が挙げられる。情報から発生する問題と、それに付随する法律の関係をイメージできるようにしよう。

- 情報の生産者が自ら生産した情報について報酬を求める時
  - →知的財産権の問題
- 情報の生産者が精神の自由を求める時
  - →思想良心の自由の問題
- 情報の生産者が精神の自由を求め、この情報が社会的な影響力をもつ時
  - →表現の自由、学問の自由の問題、信教の自由の問題
- 情報が個人の社会的評価に利用される時
  - →名誉、プライバシー等、人格権の問題

　情報に対する社会的評価は、マスコミやニュースで我々も影響を受けるだろう。その場合、悪意をもたない情報発信が、他人に危害を与えるよう、情報の改ざんがされることに注意しなければならない。受け取る我々は、情報から情報発信者の意図を正確に理解することは容易ではないため、これがより法律で保護する対象を歪めるのだ。

　このように、情報という形のない新しい概念にも、それを行う人間がいる限り、さまざまな法律の根拠が指摘されている。我々は法律というルールの上で生きていることを実感するだろう。

　しかし、今までの法律とは、既存としてすでに浮かび上がった障害を取り除くために用意されたものであり、今後発生する未知の概念（今回で言えば情報）に対して想定して制定されていない。

　だからといって、情報に関して法律の適用を除外しては、上記の情報に絡む人間の権利を守ることができない。既存の法律でいかに、新たな情報という概念と権利に対処し保護するか。その法解釈や運用こそが、「情報法」と呼ばれる考え方だ。

　では、情報と法律の関係性を考えながら、情報の特殊性について議論をしていこう。ここでは情報の特質を経済の観点から考えてみよう。なぜ経済の視点が必要かというと、国民の経済的取引こそが、情報を価値として保護する場面であるからだ。

情報の特質

- 無体物：形が存在しない
- 占有不可能：自分ものにできない
- 独占不可能：他人からの干渉を受ける
- 無限の伝播性：コピーされる（無限の伝播性の一例として、「拡散希望」というtwitterでの炎上が挙げられる。）

第15課　インターネット犯行にはどのようなものがあるか

- 時間経過による公共財化：
  公共財：ある人の消費が他の人の消費を妨げることのない財（例：法制度、警察、消防、公園、道路、空気）

ある科学者が世紀の大発見をしたとしても、数世紀後には、小学生が習う常識へと変化する。その場合、科学者が努力して見つけた情報は、無償で不特定多数の人間に享受されてしまう。もちろん発明には、知的財産法という情報の公共財化を防止する仕組みが用意されているが、情報に特別な価値があり、情報発信者を保護する必要性が認められる場合だけだ。

情報の特質と法の背景

民法は財産権として物権と債権を規定するが、物権は有体物に対する財産権で、債権は無体物に対する財産権である。情報は無体物であるが、情報を財産として保護する知的財産法は情報を物権に類似する権利によって保護している。情報は法的に保護される場合、有体物に類似する「もの」として扱われている。

情報の特質と法の問題点

情報を保護する知的財産法は、無体物である情報を有体物に類似する「もの」として扱う矛盾がある。民法が無体物に財産権を認める場合、人に関わる債権だけを対象としているため、情報自体に財産権の保護を享受させるには、有体物「もの」自体に保護を与える物権を適用しなければならず、無体物である情報を有体物「もの」に類似させなければならない。近代社会の財産権を保障する基本的な法律は民法であるが、民法には情報を財産として保護する規定が存在しないのだ。

第 16 課

誰も書かない最重要文書
——チャーターを『描く』方法

　書類を減らそうとしている組織は多い。「会議の資料はA4で1枚」などと経営者が指示を出した企業もある。その一方、極めて重要であるにも関わらず、作られないか、作られても形だけで誰も省みない文書がある。

　「チャーター(charter)」である。何らかの活動あるいは組織の狙い、活動範囲、参加者の役割と責任を記載した文書を指す。プロジェクトチャーター、チームチャーターなどがある。チャーターの意味は「権利の付与を示す文書」だが、分かりやすい訳語がない。船舶をチャーターする場合、何のためにどういう条件で船舶を使うのかを記載した文書がチャーターだから、憲章と訳すとかえって分かりにくい。

　神庭PM研究所の神庭弘年所長は「承認されたチャーターはプロジェクトの錦の御旗であり、進める過程で何らかの混乱が生じた場合、プロジェクトに関わる人々はチャーターに戻って目的を再確認し、対策を考えることができる。したがってプロジェクトマネージャーの身を護る印籠でもある」と述べた(2016年7月7日号「抵抗無きプロジェクトは幻」)。

　だが訳語がないことから分かるように、「取り組む業務の範囲を明確に定める、メンバーの役割と責任を決める、といったことを日本企業は通常、本気ではやらない」(2015年9月17日号「チームの目的と権限が曖昧」)。

　曖昧でもプロジェクトやチームがうまく活動できるなら構わないが、とてもそうは言えない。海外企業との協業、企業のM&A(買収・合併)はもちろん、一企業内の事業部や工場の間ですら連携ができない例が散見される。

第16課　誰も書かない最重要文書——チャーターを『描く』方法

　経営者と情報システム責任者が開発プロジェクトやシステム部門の運営について対話する際にも、チャーターがあれば同じ認識を持って話ができる。チャーターは「A4版の紙2～3枚でよい」（神庭所長）から書類を増やすことにはならない。ただしプロジェクトチャーターであればプロジェクトのスポンサーに見せ、確認した証として判子を押してもらう必要がある。

相手に踏み込んで書く

　チャーターをどう書くべきなのだろうか。記載する内容に特別なものはない。まず必要な情報を集め、チャーターのたたき台を作り、関係者（ステークホルダー）に見せて議論し、関係者が合意できるものにしていく。書き方は一文で表現できるが、いざ作ろうとすると一筋縄ではいかない。大きく二つの挑戦が必要である。

　一つは「取り組む対象へ踏み込む」こと。必要な情報を集めるため、日本プロジェクトソリューションズの伊藤大輔社長は著書『担当になったら知っておきたい「プロジェクトマネジメント」実践講座』の中で、チャーターを作るより「前に作成されたプロジェクトに関連する文書類を入手しまとめる」と共に「不明点は文書を作成した関係者にしっかりと確認する」と述べている。

　伊藤氏は「チャーター作成をきっかけにぜひ社内や顧客に確認を」、「ステークホルダーとの交渉による調整が必要」とも書いている。そうするには腰を据えて社内や顧客に踏み込まないといけない。

メンバーの心を捉えた文章にする

　もう一つの挑戦はキャンパスに自由に絵を描くつもりでプロジェクトを設計することだ。プロジェクトプロの峯本展夫代表は著書『プロジェクトマネジメントプロフェッショナル』で以上のように指摘した。言うまでもないが、自由とは柔軟、あるいはより良いものといった意味で、好き勝手に描くことではない。

　峯本氏はチャーターを「使命と目的」を明確にするものだとする。使命はメンバーの心を捉えたもの、目的は様々な階層で矛盾がないものにすべきと述べ、「肯定的な表現で覚えやすい」「具体的で達成可能であり、かつ挑戦的」な記述を勧める。こうした文書にするために、より良いものを構想したりデザインしたりしていく姿勢が欠かせない。既存文書の抜粋や計画書の要約はチャーターではない。

チャーターで最も重要な項目は使命と目的、さらに目的達成に至るまでの各種目標である。目的や目標を考え、描くにあたって伊藤氏は「プロジェクトビジョンシート」の利用を勧める。「何を達成したいのか」「なぜ達成したいのか」「達成することで会社や組織、顧客、自分、プロジェクトチームメンバーやステークホルダーはどうなるのか」を関係者が問い、議論し、目的を達成した際の未来を描くものだ。

拙速でよいから描いてみる

チャーターの描き方を説明するつもりが、チャーターは厄介なものという印象を与えてしまったかもしれない。日本の場合、誰がチャーターを作るのか、という問題もある。

プロジェクトであれば本来、スポンサー側すなわち経営者ないし事業責任者、あるいはその周囲にいる誰かが書くものだ。しかし日本の場合、誰かが不在であることが少なくない。

それでも誰かが「自分が書く」と腹をくくらないと何も始まらない。経営者や事業責任者ではなく、情報システム部門やIT企業が書いても構わない。神庭氏は昨年「求められているかどうかはさておき、チャーターを自分で書いてみるところから始めてはどうか」と述べた。

峯本氏は拙速でよいからとにかく目に見えるようにしてメンバーやステークホルダーに提示することを勧め、「はじめは大まかな書き振りで構わない」と助言する。

それでもいきなり描くのは無理だと言うなら、チャーター作成の練習をしておこう。情報システム部門だけで決めて進められる案件について、部員たちにチームチャーターを書かせ、話し合いをさせてみてもよい。

個人の活動を通じて、チャーターの描き方を練習してみる手もある。伊藤氏は日々の生活で身近なことをプロジェクトと捉え、目的や目標、スコープを設定したり、目的・目標達成思考に取り組んだりする癖を付けることを勧めている。

出所：https://tech.nikkeibp.co.jp/it/atcl/ncd/14/527117/063000080/

📢 単語表

チャーター①	charter	章程
省みる④	かえりみる	反省、自省
付与①	ふよ	给予、授予

第16課　誰も書かない最重要文書——チャーターを『描く』方法

船舶①	せんぱく	船舶
憲章⓪	けんしょう	宪章
旗②	はた	旗
マネージャー②⓪	manager	经理
護る②	まもる	保护
印籠③⓪	いんろう	印盒、药盒
合併⓪	がっぺい	合并
散見⓪	さんけん	随处可见
スポンサー②⓪	sponsor	发起人、赞助者
証⓪	あかし	证据
たたき台⓪	たたきだい	基础方案
合意①⓪	ごうい	同意
一筋縄⓪④	ひとすじなわ	通常的手段、普通手法
腰を据える	こしをすえる	安心、专心致志
好き勝手③	すきかって	任性、为所欲为
抜粋⓪	ばっすい	摘选、选拔
要約⓪	ようやく	摘要、归纳
拙速⓪	せっそく	质量虽低完成速度快
厄介①	やっかい	麻烦、棘手
ないし①		或者
腹をくくる	はらをくくる	横下一条心
さておき①		暂且不提
助言⓪	じょげん	出主意、提建议
スコープ②	scope	范围

 文　型

1. ～すら

［解釈］～という極端な例もそうなのだから、当然その他も同様だ。

［例文］①あの子は、自分の名前すら書けない。

　　　　②自分の大好きな食べ物すら食べたくなくなった。

　　　　③これは専門家ですら解決できない難しい問題だ。

2. ～をきっかけに

［解釈］～をあることの手がかり・動機として。

［例文］①彼は大学入学をきっかけに今までの生活と別れた。

②卒業をきっかけに、自分の人生をもう一度見直す。

③彼女との出会いをきっかけに、ファッション業界に足を運んだ。

3. ～までもない

［解釈］～しなくても十分な程度が軽いから、わざわざ～する必要はない。

［例文］①このぐらいの傷なら、病院に行くまでもない。

②確認するまでもないことですが、明日の会議時間は9時です。

③言うまでもなく、男にとって出世は大切なことだ。

読み物

プレゼンは直前に書け

アイディアは最後の最後まで熟成させる筆者が20代の頃から10年以上実践しているのは、プレゼン当日の朝に企画書を書くという習慣である。企画書を書くベストなタイミングは、当日なのだ。翌日プレゼンが入っているときは、できるだけ早く寝る。そしてできるだけ早く起きて企画書をしたためるのである。なぜ当日がベストなのかといえば、アイデアというのは一度形にしてしまうと、そこで成長がとまってしまうからだ。そしてプレゼンテーションというのは、いわばアイデアが世にデビューするためのオーディションなのだ。だが、その出来・不出来は、タイミングによって大きく左右される。

先週まではいいアイデアだと思っていたことが、今日は色あせて見える。アイデアを形にするときに、そのとき最先端の話題をきちんとフォローしておくかおかないかで、できあがったプレゼン資料の効果はまったく異なるのだ。例えば、Appleの新製品発表などは毎春の日本時間の深夜に行われる。この新製品発表によってそれまでの前提がガラリと崩れることもある。Googleの発表やMicrosoftの発表もそうだ。そういった深夜に発表されたニュースが、翌朝のプレゼンに反映されている。しかも、とってつけたようなものではなくて、きちんとアイデアと融合し、練りこまれているとすれば、それほど効果的なプレゼンテーションはない。コンペだろうが大会だろうが、頭ひとつ飛び抜けて見える。これは商社や広告代理店勤めであろうと同じだ。深夜のネットニュースや朝4時に配達される経済新聞に、アイデアのインパクトをさらにもう一段階大きくするヒントがある。

ライブプレゼン国内のIT系プレゼンコンテストの最高峰として名高い、インフィニティ・ベンチャーサミットのLaunchPadというイベントがある。ここでは超一流企業の社長から立ち上がったばかりのスタートアップまで、あらゆる階層の人々が自らプレゼンを行い、審査される。筆者は一時期、このコンテストの最多連続出場数を誇っていたことがある。基本的にLaunchPadに登壇するだけでもかなり厳しい審査を受けなければならず、事前審査で落ちる人のほうが多い。しかし私としては、ただ出場するだけではなく勝ちたかった。最初に参加したときに3位だったきりで、あとはな

第 16 課　誰も書かない最重要文書──チャーターを『描く』方法

んとなく惰性で出ているだけだった。それまでは毎朝プレゼンを書いていた。LaunchPadは朝行われるからだ。しかし最終的に私が優勝したプレゼンを書いたのは、なんと壇上だった。私の直前にプレゼンした会社のプレゼン内容をそっくりそのまま引き継いで、彼らのやり方が時代遅れであると否定したのだ。ひとつのプレゼンが6分間なので、私は6分間でこのコンテストの優勝プレゼンを作ったことになる。このインパクトは凄かった。さらに私は壇上でライブコーディングまで行った。ライブコーディングとは、その場でプログラムを作るというデモンストレーションである。私自身がプログラマーだったからこそできたプレゼンテーションだった。人の心を震わせるのは、常にライブなのである。作りこまれたパワーポイントのプレゼンを見ていると、眠たくなる。ライブに近ければ近いほど、人は引き込まれる。

それ以来、私はパワーポイントの資料を作ることを極力避けるようになった。それよりもホワイトボードなどで説明するライブ感覚のあるプレゼンを優先した。大切なのは「伝わること」である。伝えるためには、できるだけ短く、シンプルで力強いメッセージを発するのが最も効果的なのだ。私にとって、アイデアの鮮度は命である。

　出所：清水亮『最速の仕事術はプログラマーが知っている』(出版社：クロスメディア・パブリッシング(インプレス)出版年：2015-7-24)

译　　文

第1课

参考译文1　技术者需要怎样的培训？

需要培训的不只是技术层面

谈起培训，首先我们有必要思考"是关于哪方面的培训？"。"肯定是关于技术呀！"其实，这种回答过于草率。既然是一名技术人员，那么在技术层面多会自然而然得到提高，对提高技术水平的积极性也高，也会非常欣喜自己的技术又能够更上一层楼。话虽如此，并不是说"技术层面不需要培训"。

技术人员的培训大致分为以下几点：

技术能力

磨炼技术的技巧

工作的推进方式

其他行业的业务内容

领导能力以及管理能力

沟通能力

合作协调能力

经营

不是说所有人都需要接受以上培训，而是针对某特定人群进行所需要的培训。

提高自身技术水平的能力高低不同，一年或两年后的技术也会截然不同

下面依次分析以上的能力。技术能力本身无需再提，磨炼技术的技巧等同于技术能力本身，或者比其更加重要。提高自身技术水平的能力高低不同，一年或两年后的技术也会截然不同。

当今社会，比起书本，人们更多用网络来获取信息。正因为如此，信息的收集方式和解析方式就显得尤为重要。虽然书籍也有鱼龙混杂的情况，但网络上这种现象更为严重，其中还包含很多错误的信息。

译 文

举个例子,我曾经是一名基础建设技术人员,培训中经常谈到"无法解决时,看看系统调用数据包就懂了"。当然,如果有程序来源的话那也属于重要信息,但是对于基础建设技术人员来说,发生故障或问题时经常看不到那些信息源。

说实话,参考系统呼叫或者服务包门槛也高,需要耐性。但是"实在不行就用那个方法,大部分问题都能解决"的这种手段很重要,并且事实上解决了这些问题的技术者的能力也有了大幅度的提高。

越了解其他行业的工作推进方式,越能提高自身的业务能力

其次,就是工作推进方式。这涉及多方面,可以说与技术能力一样,都是必须具备的能力。谈到工作推进方式,对程序员来说就是开发管理。对系统工程师来说就是项目管理或信息的整理和管理。对工程师来说,作业环境也是很重要的。

其他工种的业务内容也是对技术人员进行培训的重要内容。也许大部分技术人员几乎都不是因为兴趣爱好,而是出于工作参与工程,比起研发参与公司的其他各项事业更多吧。此时,工作就与营销、市场、服务策划、客户支持等其他部门形成合作关系。所以,了解这些部门的成员都在做什么业务,或者怎样开展工作等就显得尤为重要。首先,培训的初衷就应该让每个人意识到,掌握其他部门的业务内容是非常重要的。

比如,从系统开发公司跳槽到网络服务公司的时候,是从供货方转移到了订货方,如果具备这两方面经验的话,在工作中肯定会起到积极的作用。同样,对其他行业的了解越深,对自身工作的积极影响也越大。

沟通能力和合作协调能力在"体谅对方心情"方面有相似之处

其次是沟通能力。尤其是很多技术人员相对不太擅长这一点,所以这部分的培训显得尤为重要。虽不能说绝对,但技术人员很多时候"不进行沟通,只提要求"。因为不是以计算机为对象而是人与人之间的交流,所以照顾对方的状况和感受尤为重要,只有这样才更有可能满足自身的需求。

合作协调能力也有类似于沟通能力的因素。和沟通能力一样,总觉得很多技术人员不是很看重合作协调能力。其实无论是技术人员之间,还是与其他部门之间,合作协调能力占很重要的位置。比如,你是否能自然地说出"谢谢"和"对不起",是否会打招呼,如果这些最基础的迈入社会的第一步能够做好,就会对顺利完成公司业务起到很大帮助。并且,在"多体谅对方的情绪"方面,沟通能力和合作协调能力也有相似之处。

了解经营,才能更有效地投入到业务中

最后要提的是经营。这也许不属于上文提到的需要通过培训进行提升的范围之内。但是,业务首先有一个愿景,有它的商业模式,以此为基础开展业务。理解经营,才能够从根本上而不是表面上理解"为何自己有必要如此投入工作中",这样才能更有效率地投入到工作中吧。

参考译文 2　GRC 要求的英语能力，业务推进能力，口头发表能力

现在从 GRC(Governance、Risk Management、Compliance)的角度考察 IT 战略中日本与世界的差异。以下从全球化的视角分析推进 GRC 时所需要的能力,即英语能力、业务推进能力、口头发表能力。

全球化(Globalization)的词源为拉丁语中的"globus",意为"线团(clew)"。据说,希腊神话中出现的英雄提修斯打败关闭在迷宫里的半人半牛的怪物时,为了不在迷宫里迷路,作为救生索使用了 clew。

我们现代人为了不在全球化世界失去自我也需要 clew。如今,据说联网的机器已多达 100 亿台。作为与这些联网设备进行交流的 clew,应对 IT 新时代的能力和英语能力突然变得很急需。

在网络上使用英语的用户已达到 5.4 亿人,与其他语种相比英语占绝对优势。在商务活动中,亚洲各国的通用语言实际上还是英语。源源不断地开发世界上广泛应用的软件和服务的著名互联网企业也大多为美国公司。也就是说,最新的软件或者服务类产品均是以英语为基础开发的。

在 GRC 的观点中,英语能力、业务推进能力和口头发表能力均为决定因素。因为为了取得对方的理解,需要具备"解释说明的责任"和"主张能力"。

GRC 要求的英语能力

关于英语能力,或许有声音会认为很早就强调英语能力的重要性,现在还需要特别提及吗。但是,从 GRC 的观点来看,在英语能力方面日本人受到的不利远远超过一般意义的理解。

笔者作为一名顾问,有很多机会与外国顾问协作。与外国顾问合作为日本企业咨询时,很多日本人对日本顾问进行低于其能力的评价,而对外国顾问进行高于其能力的评价。这其实是由于语言不同导致的理解力的偏差。为此,笔者为了能跟外国顾问并驾齐驱,要努力表现出近双倍的能力。

例如,假设外国顾问和日本顾问的咨询能力均为 100,日本人的英语能力平均水平较高,那么与母语说话者进行对话的话,能理解的范围大概为 70%。

对听取顾问说明的日本人来说,说英语的外国顾问的话仅能听懂 70%。尽管如此,在我后文会提到的口头发表能力的帮助下,对未能理解的 30% 的内容会进行非常善意的解释。

GRC 要求的业务推进能力

顾问有三个职能,其中最重要的是为用户提供解决方案,也就是提出对策。其次是要成为某一个领域的行家。最后是能够完美地协调好会议,也就是担当会议主持人。

在全球化环境中工作,如果不发挥出以上的作用就无法工作。据说日本国内约有20%的顾问为外国人,其实这不仅在顾问行业,其他行业也如此。

IT素养也属于业务推进能力之一。虽然只是推测,但日本人的IT素养与30年前相比,是不是下降了很多呢。

这里说的IT素养并不是指word或Excel等办公软件的使用方法,而是指系统构建、商务流程改革中要求的与IT架构、软件工学有关的知识及技巧,以及对不断推陈出新的IT技术的应对能力等。

当然,目前也有很多发展势头好、技术能力高的IT企业。但是,外资企业中,也有不少企业的日本市场销售额还未达到全球整体份额的10%。一般认为其背景原因为IT素养的下降。

GRC要求的口头发表能力

在全球化环境中主张自我,需要具备有效的口头发表能力。不仅是由于英语水平,口头演讲能力也影响上文提到的对外国顾问和日本顾问的评价差异。因此,非常有必要向外国人学习肢体语言、手势、抑扬顿挫等口头演讲时用到的技巧。

口头演讲曾经只是IT行业的特点之一,但如今早已成为各个行业的必要手段。成功的口头演讲的关键词为"HP和MS"。这里的"HP和MS"可不是指IT业界的"惠普和微软",而是指以下英语单词的首字母。

H:Humor(幽默)

P:Passion(热情)

M:Moving(感动)

S:Surprise(惊喜)

无论是英语还是日语,每一次口头演讲都需要体现幽默感。当然,要选择不会伤害到对方的有品位的幽默素材,并且全程要传递出自己的热情,同时要带给听者感动和惊喜。

第 2 课

参考译文 1　谷歌再次向中国和印度发起挑战

美国谷歌公司发布要在中国北京设立人工智能研究基地。这个研究所的全称为"谷歌 AI 中国中心"。这表明谷歌开始着手进行关于 AI 的基础研究。

在北京设立的人工智能研究中心由谷歌云服务部门的管理者、美国斯坦福大学计算机科学学科副教授李飞飞担任研究所的所长。李称，该公司已在深度学习和自然语言处理领域聘用了诸多中国研发人员，今后将继续增加人手，也吸纳计算机图像识别领域的研究人员。

关于这次谷歌在中国的最新动向，有分析家指出这说明谷歌准备再次挑战中国市场。谷歌曾经在中国提供搜索引擎服务。但是，目前在中国大陆，谷歌公司的 Gmail 邮箱服务、Google Play APP、YouTube 动画等都无法使用。

如此严峻的情况下，美国《华尔街日报》称，与谷歌服务携手开发的智能手机、智能音箱等产品都很难在中国开拓市场。

如今，人工智能等备受瞩目的高科技领域中，中美企业之间的开发竞争尤为激烈。因此，中国政府积极扶持国内企业。例如，据香港英文报纸《南华早报》报道，中国科技部于 2017 年 11 月举行了下一代 AI 发展计划与科技项目启动仪式。在活动中中国科技部选拔出中国四大 IT 龙头企业作为推动国家四大 AI 项目的主要承担者。这四大龙头企业为：被称为"BAT"的 Baidu(百度)、Alibaba(阿里巴巴)、Tencent(腾讯)以及语音识别技术领先的 iFlyTek(科大讯飞)。

《华尔街日报》报道，这四大龙头企业已经在美国设立研究所，或者今后计划在美国设立研究所。在争夺优秀人才方面，中美企业间的竞争非常激烈。

谷歌也摸索着在印度市场展开商业活动。据该国的经济报纸《经济时报》报道称，谷歌计划在印度开设实体店铺销售公司开发的智能手机。

谷歌曾经在 2013 年与印度当地企业合作开设过销售智能手机的实体店，该智能手机安装安卓系统。那时的计划是在该国设立 50 家实体店。但结果是，仅仅开了两家实体店，计划就宣布中止。几年后，营业中的仅两家店也不得不停止营业。《经济时报》称其停业理由为销售业绩不佳。

但是，如今状况已然不同。谷歌于 2017 年 11 月在印度开设了限期销售的十几家简易店铺。其目的是为让该国的消费者现场体验自家公司开发的智能手机"Pixel 2"产品。《经济时报》称，顾客对简易店铺的反响非常理想，谷歌公司已开始讨论开设真正的实体店。

该报纸还报道,谷歌将计划在真正的实体店销售智能音箱"Google Home"、电脑"Pixelbook"、VR 耳麦"Daydream View"、影像发送终端"Chromecast"等自家公司开发的硬件产品。如今印度的智能手机市场超过了美国,居世界第二位。

这次的谷歌动态的背后是飞速成长的印度市场。印度的手机用户数量已超过 11 亿人,仅次于中国居世界第二位。据英国市场调查公司 Canalys 报道,印度的智能手机出货量也居世界第二位。

此前智能手机出货量为:中国第一,美国第二,印度第三。但是在 2017 年 7 月～9 月,印度的智能手机出货量比上一年同期增长 23%,超过 4000 万部,超越美国升为第二位。

在印度,出货量多的手机厂商依次为:韩国三星电子、中国小米科技、中国 vivo、中国 OPPO、中国联想等。除了第一位的三星以外,其他均为中国企业。

三星连续四年半稳坐印度智能手机市场的首位。但如今中国小米手机销售量即将赶超三星,今后几个季度内小米的出货量很有可能将超过三星,英国市场调查公司 Canalys 如此报道。

中国手机厂商势头如此强劲,面对如此严峻的市场环境,谷歌想要推广自家公司品牌的智能手机,的确困难重重。正因如此,可以说通过在印度开设实体店来提高自家公司智能手机品牌的存在感是不可或缺的。

苹果、小米、三星等海外厂商早已在印度运营着实体店。但是印度对外资管制严格,厂商的当地法人直接运营直营店是很困难的。因此各公司必须与当地企业合作,以专营权的形式运营店铺。

例如,苹果公司试图将在日本的直营店"Apple Store"模式引入到印度,但至今未能实现。苹果公司只好与印度当地的大型或主要的零售商合作,用专营权"Apple Premium Resellers"的模式开设苹果专卖店,或者在当地零售店中开设"Apple Shop"柜台。

今后谷歌会以何种形式在印度设立店铺尚不明确。可以预测谷歌很有可能也会跟当地企业合作来开设店铺。

参考译文 2 谷歌的战略

控制信息的企业

谷歌的社训是"整理全世界的信息"。提到"整理"一词,听起来很顺耳,其实无外乎就是掌握信息。为了整理所有的信息需要了解所有的信息,这是显而易见的道理。

实际上,估计历史上没有比谷歌对信息收集更贪得无厌的组织了。就连国家级情报机构都未能超过谷歌掌握的信息量。

一般的情报机构会对信息进行筛选,从鱼龙混杂的信息里找出有价值的信息来。但对于谷歌来说则不

然。他饥不择食,整理所有的杂乱信息。其目的不是为了找出有价值的信息,而是通过积累点滴信息最终换来有价值的信息,这也是一直以来谷歌的做法。

也就是说,传统的信息相关企业会过滤掉无价值的信息。比如发展初期的雅虎只在收费网站显示搜索结果。与之相反,谷歌采用以下方式:从无价值的信息中再发现有价值的信息,会显示所有网页,再从无价值网站的大量链接找出优良网站。

只要不是一名性格乖僻的人,想必都会认可如今的谷歌在领跑网络云时代。但是,谷歌却非常慎用"云"一词,至少不会积极使用。

其原因之一是:对谷歌来说,"云"只是众所周知的一种计算机运用方法,不是值得大力炫耀的;其二是担心极力炫耀会有意无意引来众多竞争对手,进而缩短其"蓝海(没有竞争对手的新市场)"时代。

实际上,"云"一词好像是一个流行的专业术语,但其实没有明确的定义,但引来了众多乌合之众。谷歌在这一领域中的地位或许能击退绝大多数企业的挑战,但微软、IBM等不可忽视的对手也包含其中。假如"云"一词再晚半年成为流行词,也许谷歌的生意会更好做一些。

对谷歌来说,"云"是手段而不是目的。之所以他们主张"云",只是因为实现"整理信息"这一目的的过程中,"云"比一般的系统应用方法更加容易而已。

计算机的历史

虽然话题有点跑远,但为了思考这个问题需要翻阅计算机的历史。

在初期,计算机的配置极其简单。大型计算机在中间压阵,消费者使用计算机。如果距大型计算机有些距离的话,可以通过手边的终端使用大型计算机,但这个终端并不具备自行计算或记忆的功能。这就是被称作"集中处理"的模式。

在集中处理模式中,谷歌爱不释手的所有信息均保存在大型计算机中。因此,也不要求掌握多么细致的检索技术。不需要精细的网页排名法,也不需要吞掉一个水库的电力。所以这个阶段轮不到谷歌出场。

下一阶段就是终端的高度化。大型计算机具备演算处理能力和记忆能力,这种模式效率很高,缺点是使用人数多的话处理会出现千篇一律的情况。正因为千篇一律,所以效率高、安全性高。但是不适合每个人根据自己的需求进行更改。

每人一台电脑是对以上缺点的回答,每人一台电脑能够实现终端性能提高。每个人手里的电脑,虽然名称不同,但为每一名使用者都提供了演算能力和记忆能力。从此无需顾虑大量存在的其他使用者,可以自由自在地使用电脑了。

虽然电脑使用者从束缚中解放出来了,但是对整理和管理信息的人来说,这是噩梦的开始。

大型计算机这座巴别塔崩溃,存储在其内部的知识和信息散落在无数台电脑中。当然个人电脑无法进行的处理或多数人合作进行的处理还是集中在大型计算机,但是其服务器与之前的大型机相比小了很多。

想要整理散落在全世界的信息,必然需要窥探几十亿甚至几百亿的电脑存储。并且以何种形式窥探也是问题。每台电脑可能是单独运行,也有可能是联网状态。就算是联网,其内部公开到什么程度,也是各不相同。

"所有的地方,使用同一种语言,说同样的话。"

译　文

"他们是同一民族,说同一种语言才能做到这些。那就扰乱他们的语言,让他们相互听不懂彼此的语言吧。"(《圣经·旧约·创世纪》第11章)

每一条信息都被进行碎片化处理,难以读取,就像巴别塔崩溃后的世界那样。

在这种环境中,收集信息、整理信息就像堂吉诃德大战风车那样会使人产生一种倦怠感。正因为如此,这个世界成为了极少数企业争夺霸权的战场。

让一切都连网

谷歌作为随时随地收集网页中信息的检索机器人,在狂风暴雨的信息海洋中畅游,将信息关联起来、汇集起来最终成为霸者。但是谷歌也不会永远继续这样效率低下的方法。

如果散落的信息降低了检索效率,那么将信息汇集起来就好了。

在网络世界称霸的谷歌为了向下一阶段前进,将会更改游戏规则。

他们尤为不满的是个人拥有的电脑。因为个人电脑里的信息无法成为检索对象。对于想把所有信息整理、汇总的人来说,这必定是无法忍受的混沌。

那么是不是就可以无视它们呢?这不可行。如果能汇集沉睡在个人电脑里的资源,将会占全世界信息量的相当一部分比例。其内容首先只会对其所属的个人有意义。也就是对其他人来说几乎是无价值的信息,但毕竟谷歌就是一个从那些不起眼的碎片信息中挖掘出价值的企业。

第3课

参考译文1 有爱的电脑使人类变得幸福

如果电脑拥有自己的感情、意志和远超人类的智慧和知识,并受自我意识支配来行动的话,从某种意义上说,是十分可怕的事情。但是,将人类所拥有的富足、温柔、爱等赋予电脑的话就可以认为是控制了电脑的大脑。实现"高智商"。我认为所谓高智商就是让电脑拥有 heart,拥有心灵。让电脑拥有充足的温柔和爱对人脑型计算机来说难道不是一种正确的进化方向吗?也就是说,并非是通过信息革命达到机械性的目的,而是通过信息革命使计算机成为高智商计算机,从而使人们获得幸福。就像人类能使自己同类获得幸福,像机器也能使人类稍微获得幸福一样,高智商计算机为了使人类更加幸福会与我们共存。

300年后,人类平均寿命达到200岁

真的会这样吗?大家或许存在疑问吧。我想在这里举几个例子来说明一下300年后我们是如何通过高智商来实现这种幸福的。300年前一般人们的平均寿命只有33岁,现在达到了83岁。我认为在100年到200年后或者300年后平均寿命会达到200岁。到那个时候,所谓老年人指的就是200岁的人了。到那个时候,人们会说:"100岁,还很年轻啊,年轻真好啊"。怎样才能使人类的平均寿命达到200岁呢?顺便说一句,在过去的300年中,人类平均寿命的增长呈加速趋势,最近100年间每10年增长3.5岁。按这种平均寿命的增长趋势看,我想300年内依靠科学技术、DNA手段的治疗和人工脏器的普及会得以实现。DNA治疗得到普遍应用,通过自身的细胞制造自己的肝脏,这样做没有排异反应。我觉得这种技术会发展起来。这样一来,有人会这样认为吧:"人类通过更换器官可以长寿,更换心脏,更换肝脏,更换各种脏器"。大脑还是最重要的吧。虽然大脑的更换比较困难,但是我觉得人类还是可以将平均寿命提高到200岁的。大脑虽然不能更换,但是可以增强。

脑与脑相连通,心灵感应式的通讯

实际上人类的大脑是与遍布手脚等各个部位之间的神经进行通讯的。人体有微弱的电流流动。大脑中也有这种微弱的电流。人类的神经系统是这样工作的:大脑进行思考,指挥手指和手脚活动。这就是在进行通讯。与金属线和光纤一样,可以将人的身体看作是通讯的媒介。如同人类的大脑与神经进行通讯一样,现在我们的大脑和计算机芯片进行通讯,或者通过身体与脑型计算机的芯片进行通讯。我认为进行如此通讯的时代在300年内必定出现。芯片只要一触及身体就开始与人脑进行通讯。芯片如何触及身体呢?做成磁力治疗贴那样贴在身上不错吧。或者即使不贴上也没关系,做成手表那样也好,做成耳环那样也可以。总之芯片与人的身体一接触,芯片就与人脑进行通讯。芯片与别处的芯片之间进行无线通讯。芯片还

可以与对方的人脑进行体内通讯。这样一来就能实现心灵感应了。这样一来，我觉得此前人们所说的心灵感应通过科技手段在300年以内是可以实现的。由于芯片与芯片之间进行无线通讯，那么300年后软银就不再是无线电话公司，或许可以称为心灵感应公司了。芯片与芯片之间进行的通讯，即使是说不同语言（比如汉语、法语、英语等，对方说自己无法听懂的语言）的人之间也可以与对方通过类似心灵感应式的通讯进行自动翻译。我们将迎来这样的时代吧。

搭载人脑型计算机的机器人的普及

或许将来我们与狗之间也可以实现心灵感应。人们自然会这么想吧。既然是30年一次的大话，就请允许我说一次。将人脑型计算机的芯片与可以动的马达（也就是有肌肉，人工肌肉，也就是动力）连在一起，就成为一个机器人。这是一个拥有智慧的机器人，是一个有人工智能的、搭载人脑型计算机的机器人。在300年内一定会非常普及吧。可以用于地震等灾害和危险的地方等。现在是救援队到火灾或地震现场，消防员不惜生命进行救助。（将来）就可以不必拼命，拥有人工智能的机器人计算机可以潜入危险的地方、瓦砾当中。这种机器人未必是人型的，可以是像蛇一样蜿蜒前行，深入缝隙之中，大声喊着"喂，有人吗"，然后与对方进行通讯，施以援手。或者是拥有巨大的动力，当然并非是铲车，或许是可以称为"会说话的铲车"那样的拥有智能的机器人。家务和医疗也一样。如果只是简单机械地做手术，就会出现"疼啊疼啊""忍耐一下"这样的对话。反正是请医生看病，还是这些拥有智慧和温柔的人工智能医生比较好吧？像这样对人类温柔，而且具有超强的智能，还拥有强健的肌肉的智能机器人时代或许会出现吧。试想一下，会有各种不同的机器人出现吧？拥有各种各样的智慧、功能特殊型、或者万能型的机器人会不断出现。300年后我们的世界或许将会有与今天截然不同的生活方式。到那个时候，生产机器人的厂家未必像如今的汽车生产商、家电制造商那样，产品结实好用厂家实力就强。因为结实的硬件在组装工厂想做多少都能做出来。最难的是向这些硬件发出什么指令，思考什么这类智慧方面的东西，当然拥有温柔的情感对机器人来说也很难。从这个意义来说，我们软银公司一直在进行信息革命，希望进行人脑型机器人的持续性革命，就是将温柔、心灵和爱提供给机器人。但是我希望对这种人脑型机器人进行持续性的革命，使其成为拥有温柔性格、拥有爱心和感情的机器人。新智慧不断产生，人工智能、人脑型机器人不断出现，这些新的发明、新的技术也开始由人脑型计算机自身进行。这样的时代或许会到来。

（孙正义）

参考译文 2 希望人生最大的悲伤
——孤独,可以从这个世上消失

——孙正义的真正目标

  为制定新 30 年愿景,软银集团全体 2 万名员工花费一年时间认真讨论,全体成员纷纷提出了自己的意见。从很多推特用户那里也得到了各种睿智的建议。这次作为总结,请让我作为代表阐述下一个 30 年的理想愿景。这是理想中的 30 年。分为三个部分。第一个部分是我们的理念。为了什么,为了什么事情去做这个事业呢?这个理念是第一个部分。第二个是愿景。未来 30 年人们的生活方式会变成什么样呢?我们应该如何为之努力呢?第三个部分是战略。是指我们想做的事情该怎样去推进。今天就分成三个部分来展开我的演讲。我想今天可能会成为我人生中最重要的演讲,而且每 30 年一次的大话不是每次都可以说的,所以今天是我现役时代最后的大话,我想请大家理解这一点。所以,时间可能会超过 90 分钟,请一定要耐心听我说完。

  那么马上进入第一个部分——理念。为了什么而经营这个公司?我们想做什么?这是我们的理念。如果用一句话来概括我们想做的事,那就是:"希望通过信息革命让人们幸福"。

  刚才录像里对全体员工在这 30 年里想做些什么,怎么做做了一个介绍。我很欣慰的是,在所有的介绍中,为人类幸福做贡献的想法始终是话题中心。当然作为上市公司,也是一般的企业,所以必须要获利。也必须得推出新的产品,必须进行资费竞争。这就是目前的现实。但我认为如果只是为了现实而度过一生的话,到底是什么人生啊?

人类最大的悲伤,是孤独

  我们想做什么?是希望通过信息革命让人们幸福。只有这一点。因此,我在推特上询问了很多人的意见。我的问题是:"幸福是什么呢?悲伤是什么呢?"首先我在推特上问了这个问题:"对大家来说悲伤是什么呢?""人生中最悲伤的事情是什么呢?"仅仅一两天就有超过 2500 条的回复。推特的力量真的很了不起。我认为推特是非常适合收集人们各种各样的真知灼见。

  那些声音,实际上仅仅一天收集的意见就多达 2500 多条。21% 的人回答是身边人的去世。自己的家人、自己所爱的人离世,在自己的人生中是最悲伤的事情。14% 的人回答是孤独,11% 的人则回答说是绝望。当然,每个人的表达方式有所不同,但基本是这三种。麻木、背叛等其他的回答也有很多。关于最多的

回答——身边人去世这一点,我稍微调查了一下。在世界死亡因素排行榜上,2008年最大的死亡原因是心脏病,因心脏病去世的人达930万。位列第二的是癌症,第三位是脑中风。但在很久以前,一二百年前,人类的死因与此大不相同。

我们难道不能借助信息革命的力量哪怕减少一点身边人的死亡吗?难道不能延长身边人的寿命吗?有很多悲惨的死亡,如果悲惨的死亡少点的话就好了。

第二个是孤独。独居老人现在有470万人,30年后可能会增长2倍,达800万人。独居老人死的时候无人知道就悄悄地死去。孤独死今后也会增加吧。仅在东京都内每年就有5000人孤独死亡。任何人都不知道的情况下一个人住,然后一个人死去。一年全国有5万人会发生这样的情况。像这种死亡的方式太过于悲哀,我希望尽量减少这种死亡率。刚才说过位居第二的是孤独,或者是绝望,但是从之前的调查结果来看位居第二位回答是"孤独"。绝望很难计量,假设是绝望到自杀。日本被认为是世界上自杀率最高的国家之一。据说自杀最大的理由是由于健康问题,占50%。有25%是因为经济问题。我衷心希望这样的事情稍微减少一点就好了。因此,悲伤就是刚才说的那样,有死亡、孤独、绝望等各种各样的原因。但结果是,无论是死也好,孤独也好,都可以归结为孤独导致的。身边的人、所爱的人死了,自己会被孤独感包围。绝望从某种意义上来说也可以表现为孤独。在这个意义上,人生最大的悲伤如果用一个词来表达的话,也许就是这个词——孤独。我们想尽力减少这一点悲伤。

希望把喜悦扩大

相反,希望可以把喜悦扩大。我们想让更多的人面带微笑,就是将喜悦扩大。我同样在推特上问过:"人生中感到最幸福的事情是什么?"一瞬间就聚集了很多回答,回复主要是以下内容:"活在每天的生活中,只要能活着就很幸福。在从树叶空隙照进来的阳光里听了小鸟的鸣叫。大病初愈,真切感受到了活着就很幸福。自我实现、成就感,爱与被爱。"此外,每个人对幸福的回答的表达方式各有不同,感觉喜悦会因人而异。总结一下就是:"活着的感动、看到的感动、学习的感动、玩耍的感动、相遇、相爱、和家人或与恋人相爱的故事都会令人感动。"我们希望让更多的人获得感动。"通过信息革命让人们幸福。"正如开头所说的那样,我们想做的事只有这一个。制作优良产品,通过价格竞争增加用户数量不是我们最大的目标。我们唯一想做的事情就是通过提供这些产品和服务让人们感到幸福,减少悲伤。

第4课

参考译文1　中国从移动支付向自助服务转变

随着技术的发展，人们的经济活动也在变化。技术创造了"移动支付""共享经济"和"C2C"这样的新型经济，并改变了人们的日常生活。

然而这样的新技术并不是像以前那样产生在美国。在印度和中国这样的的新兴国家，也在发生技术革新带来的日常变化。

日本Mercari公司在3月26日举办的"Mercari Tech Research Night Vol. 4"活动当中，分享了由公司成员实地调研得到的收获。内容报道如下。

上海自助服务开始出现

首先，看中国最大的经济城市上海。

现在在上海使用支付宝、微信支付这样的支付手段已经普及，几乎没有人使用现金。实际上，在这次的演讲中也经常有人说"没有智能手机什么都没法做"。

而且，由于无现金支付已经变得理所当然，所以在上海"自助服务餐厅"和"自助卡拉OK"等自助服务逐渐增加。在这里，记录下在活动中介绍过的三个例子。

例1：自助服务餐厅

　　就餐流程：①扫描二维码下单

　　　　　　②在应用程序上结算

　　　　　　③将手机上显示的密码输入到取餐台

　　　　　　④取餐

按原则餐厅不配备服务员，但为了解决客户遇到的问题，餐厅安排了几位服务员。实际上也出现过在输入密码之前，手机没电，无法取餐这样的情况。这种意外无法避免，看来完全无人化还需要些时间。

例2：自助卡拉OK

　　使用流程：①扫描二维码

　　　　　　②在应用程序上结算

　　　　　　③按照设定时间使用

有的自助卡拉OK外观像电话亭一样设置在超市一角。使用者不需要和店员交流，使用起来轻松方便。

例3：自助游戏中心

　　使用流程：①扫描二维码

　　　　　　　②在应用程序上结算

　　　　　　　③抓娃娃机和扭蛋机一类的游戏

虽然机器经常设置在车站内，但其特征是不需要回收现金，所以不需要注意安保。

自动贩卖机如果设置在治安不好的地方会被破坏后取出现金。这样看来，"移动支付"还具备"不易被袭击"这样的次要优点。

这样的自助系统服务也可以说是"自动贩卖机的进化"。采用移动支付可以解决安全问题，所以不需要管理人员。这样的话，因为不受场地和规模的限制，可以在各种空间设置这种自助服务机器。在土地面积狭小的日本，这种能有效利用空间的自助服务的开发余地应该很多。

这里需要特别注意的是，中国的移动支付系统与日本的交通卡等不同，是通过智能手机扫二维码完成支付。这样的话，商家不需要支付购买刷卡机的成本，消费者也不需要携带银行卡或在手机上注册。

本来，不需要逐个扫描二维码的NFC（近距离无线通信技术）和Felica（非接触式智能卡）技术是很方便的，但是在结果上，作为用户体验较差的二维码却得以普及，这是个很有意思的现象。而且，这种移动支付方法的不同可能来源于中日移动支付普及程度的不同吧。

根据QR码的使用习惯来充分利用AR服务

另外值得一提的是由于扫描二维码已经日常化，所以利用二维码开展的服务也逐渐兴起。

例如，AR技术（增强现实技术）。二维码与AR系技术的亲和度很高，和扫描二维码一样把手机相机举在空中就可以体验AR技术。

实际上，在上海，"在星巴克的店内，在特定的区域里用手机扫描，就会出现关于咖啡的解说视频""扫描印刷在电车棚顶或地面的二维码，在车内就可以试听歌曲。"这种充分利用AR技术的推广活动有很多。

在深圳，停车场也采用了扫描二维码来结算。特点是将二维码打印得比较大。不用下车也能进行扫描，不需要特意靠近支付系统。

共享单车等也利用二维码，可以说二维码的普及对中国技术的发展做了贡献。

知识付费服务的流行

在上海，"知识付费"这个新的服务已经开始普及。具有代表性的是"知乎"和"分答"。

这些服务虽然类似"雅虎智囊"这样的"知识问答"服务，但获利方法不同。

"雅虎智囊"这样的免费服务通过显示广告获得收入。而上海的知识付费正如字面所述，获取知识需要付费。因此，提问者只会在"真的需要答案"时才来提问。因为没有干扰，结果使得获得的问答的质量比之前提高了很多。

另外，将求知者和答题人进行线下匹配的"在行"这个服务也博得了人气。在线注册有8000人的专家团，求知者可以接受关于自己需要的课程培训。在其他的知识付费应用平台中具有影响力的人在这个平台上也受到了邀约。知识付费的流行反映出了在薪资方面宽裕的上层级阶级对知识的渴求。

另外，知识付费的流行，不能忽视其有中国巨大的人口支持。"即使付钱也要提问"的人的比例很少。但是，鉴于13亿的人口数量，即使很低的比例也能使事业发展形成规模。

参考译文2　2019～2020年度：可穿戴设备支付、空手支付的基础设施建设

很多人用平时随身携带的智能手机进行结算，确实很方便。但是，毫无疑问，前提是得携带智能手机。像慢跑这样连智能手机都不想带的情况就不适合使用手机支付。

为了应对这种状况，现在有一种支付方式应运而生。像可穿戴终端那样，在消费者平时佩戴的东西上搭载了支付功能。例如，护腕型可穿戴终端（活动测量）的制造商Jawbone公司，于2015年4月与美国运通公司合作，发行了通过搭载NFC芯片实现结算功能的可穿戴终端"UP4"。将UP4戴在手腕上，只要在店内的读取终端上出示一下，就可以完成结算。不带钱包和智能手机，把UP4戴在手腕上去跑步，回来的时候顺便就可以在便利店买饮料。

可穿戴支付终端不是所有人都有，对于一部分用户来说，可以根据使用场景，选择信用卡、智能手机、可穿戴支付终端等最佳的支付方法。

支付终端轻巧化的潮流不仅于此。可穿戴支付的前景就是什么都不需要携带的"空手结算"。现在，作为"空手结算"的实现手段，除了行动特征识别以外，利用面部和指纹等生物信息的结算方式即将实现。

例如，在涉足指纹认证技术的国内新兴企业Liquid所提供的"Liquid Pay"服务中，要先将手指贴在指纹读取装置上，注册用户的指纹数据。同时也会登记信用卡信息等支付方法。这样第二次以后只用指纹调用数据就可以完成结算。以前的指纹认证，对照指纹需要花费很长时间。但是，该公司使用人工智能技术独自开发的系统实现了认证时间0.05秒的高速化，同时误差风险也飞跃性地提高了1兆分之一的精度。

2016年，该公司在神奈川县的汤河原温泉、神奈川县镰会市由比之滨举行的"沙滩节"、栃木县宇都宫市内的体育俱乐部等进行了实证实验。这些都是适合进行空手支付的地方。

虽然还处在实验阶段，但是在2020年左右，有可能在像游泳池和海水浴场那样不适合携带现金、银行卡、手机的地方进行推广。

另外，促进移动支付的基础设施建设也在推进。2020年东京举办奥运会/残奥会，预计会有很多外国游客访问日本。为了使访日游客的消费活动顺利进行，举办方快速推进信用卡结算终端的建设，预计可以使用信用卡的店铺不仅仅是大城市，还可以扩大到观光地、小城市等日本的各个角落。

同时，信用卡的IC化、信用卡结算终端的IC化匹配也能百分之百实现。也就是说，消费者不需要使用磁条卡、签名，而是使用嵌入了1C芯片的信用卡，输入4位PIN号码的"Chip&PIN"即可完成支付。

译　文

2021年度以后：空手结算的正式启动

最近，东京为了举办奥运会/残奥会进行的信用卡结算终端等基础设施的建设告一段落，无现金支付的基础已经十分完善。

另外，在首都圈的大型店铺、游乐园、游泳池等地，利用可穿戴终端结算和指纹认证等生物信息的结算也已普及。用户既可以通过智能手机支付，也可以从各种结算手段中选择符合利用场景的便利的结算手段。

另一方面，像 Amazon Go 那样没有收银台的零售店和导入行动特征识别的空手结算的企业预计也会逐渐增加。通过消除结算带给顾客的焦躁，成功提高客户购买体验的企业也会出现。

第5课

参考译文1　VR(虚拟现实)·AR(增强现实)：在设备的改进和平台的通用化上扩大市场

正像很多媒体解说的那样，2016年是"VR元年"，VR(Virtual Reality：虚拟现实)受到各方关注。

2014年被大型社交网络公司脸谱(Facebook)收购并受到热议的虚拟现实头戴设备制造商Oculus公司，在2016年3月把商用版的VR耳机"Oculus Rift"投入了市场。在10月，索尼SIE公司将VR耳机"PlayStation VR"作为游戏机"PlayStation4"的周边产品开始向一般的游戏爱好者出售。出售之前，在日本全国的家电量贩店设置了体验场所，所以不仅是游戏爱好者，也给普通老百姓提供了体验的机会。

此前，由于VR必须使用昂贵的专用器材，所以只用于一部分研究机构和医疗、军事等方面。如今普通大众也可以体验到。

VR(虚拟现实)是什么？

VR是指利用电脑制图(CG)让人们感觉完全置身于虚拟环境中的一种技术。

一般来说，人的水平方向视野角度是120度，把这个范围叫做"FOV(Field of View)"。VR头戴设备显示的是电脑制图所描绘的景象。不过这个视野一旦超过100度，就会有仿佛置身于其中的错觉。这种感觉叫做"沉浸感"。"沉浸感"带给人高度的逼真感，让人感觉不是在看眼前的画像，而是自己已经置身于其中。

VR的概念本身并不是新出现的。在以前，必须要有非常大的显示装置或者投射电脑制图画像的专用房间。而现在受到关注的VR设备，是将装有小型显示器的箱型头戴设备戴在头部，所以普通大众在家就能轻松使用。

智能手机和电脑游戏专用机的性能提高促进了VR革新。智能手机的显示屏清晰度每年都在提升。例如：iphone4以后的iphone手机都安装了人类视网膜无法分辨的具有高精密度的"Retina显示屏"。4～6英寸左右的显示屏也能显示非常精致的画像。由于智能手机的普及，像这样高清晰的小型显示屏能以低价大量供应，所以可以低成本地用在VR头戴设备上。

要想制成真实度更高的VR图像，就需要能够制作高精细图像的图像处理功能。因为具备3D绘图功能的VR头戴设备需要在左右描绘出有视差的图像才可以产生3D效果，需要修补透过镜片产生的图像歪斜，这些都需要经常进行图像处理计算。所以，要求担当图像处理的电脑的CPU板具有高性能。

最近，绘图板的功能大大提高了。例如：PlayStation4 Pro推出了4K画质的游戏。

现在，老百姓也能买到VR头戴设备。这是由于智能手机的高清屏被应用于VR设备，而且制造和销

售环节均比以前低价，电脑和游戏专用机的 GPU 图像处理功能大大提高的缘故。

AR（增强现实）是什么？

不仅是 VR，AR（Augmented Reality：增强现实）技术也在进步。AR 和视野完全被遮挡的 VR 不同，是在使用者的视野上叠加信息增强现实。相对于重视"虚拟世界"的 VR，AR 重视"现实世界"，把重点放在支持使用者在现实世界的行动和认知上。

倡导 AR 的设备和应用以前就有。例如：在面向智能手机的 AR 应用中，使用智能手机的相机扫描 QR 码（二维码）等读取标志，判断照相机捕捉到什么，在什么地方看到什么，并显示这些信息。此外，谷歌从 2013 年到 2015 年面向开发者销售谷歌眼镜，这也是一款 AR 设备。在谷歌眼镜的一角能够显示邮件、股价、天气预报等简单的信息。

另一方面，今后要上市的 AR 设备通过传感器和图像识别技术就能高精度地自动识别现实世界，不需要人特意让设备去确认标识。

例如，支持谷歌 AR 技术"Project Tango"的手机平板"Lenovo PHAB2Pro"，就装载了 4 部具有 3 种不同功能的摄像头，和普通的智能手机相比能高精度地识别外界。一个是普通的摄像头，另外两个是"深度摄像头"和运动追踪摄像头。由立体镜头组成的深度摄像头能把握与周边物体的实际距离。另一个运动追踪摄像头能识别在现实的世界里设备是怎样移动的。

这种改进的 AR 设备不用依赖二维码等标识就能够识别现实世界物体的大小和距离，能添加符合现实世界的信息。

例如：识别建筑物的构造，可以进行室内导航，在了解地板和墙壁的基础上，把虚拟的家具合适地配置在房间里，从而实现高度的增强现实效果。

VR 和 AR 的区别

VR 和 AR 都是能够产生新的视觉体验的设备，形状相似容易被混淆，但是功能和用途完全不同。

VR 是在遮住视线的空间内，显示超高逼真的电脑绘图。用户在那里能够体验到现实世界体验不到的事情，比如"现实当中不曾去过的地方和不曾遇见的情形"。利用这一特性，可将这一技术广泛用于游戏和旅行的模拟体验等娱乐方面、身临其境的教育方面、产品的模拟方面等。

另一方面，AR 是通过头戴式显示器或智能手机的摄像头来看现实世界。AR 中的电脑制图或将附加信息叠加到现实世界中，或产生现实世界无法呈现的效果。因此，未来有望将这一技术应用于像工厂、医疗现场等人无法离开现场的工作场景。工作的同时，能够确认手册、参照指示内容辅助作业，生产率有望得以提高。

参考译文 2　中国的网络巨人也在反复尝试普及 AR 和 VR

对于明年中国 IT 业界什么服务会兴起的问题,可以提出无数个初创企业作为候补,但是很难明确回答这个问题。近几年作为中国 IT 行业的代名词,共享循环经济和电子结算在出现之前都无法想象会有如今的景象。

作为中国大型 IT 企业的 BATJ,即百度、阿里巴巴、腾讯、京东,在资金方面比初创企业要丰厚,如果真要普及的话完全可以投入资金,强行推动,而且也确实这样做了。但是,对于 VR 和 AR,是因为使用者的门槛高呢？还是这种新服务提供的满足感不够呢？总之用户想继续使用的心情不高,或者说用户不吃这一套,所以怎么都普及不起来。

也并非如此。智能手机用的 VR 眼镜,2016 年上半年以非常便宜的价格大量铺货,在某种程度上让喜欢的人多少产生了兴趣。但是,通过显示检索数倾向的"百度指数"了解到,那以后人们的关注度却下降了。全中国的购物中心均开设了 PC 用 VR 体验店,但是经常看到无人光顾的店铺,完全感觉不到人气。此前见惯了喜欢追捧最新技术的中国人,现在看到这样的景象不得不感觉消费者的反应特别迟钝。

另一方面,企业方面仍在继续研究开发机器和相关产品。12 月上旬在浙江省乌镇召开的世界互联网大会上,以腾讯为首的企业发布了相关的机器和产品。产品方面,腾讯把中国国内外的博物馆和美术馆里的文物数字化,展示了用 VR 和 AR 技术实现的"VR 博物馆数据库"。也开发了使用 VR 技术的游戏,但用户的体验是:"都有既视感(似曾相识的感觉)"。

说到 AR,本月发布了对应"QQ"的 AR 识别功能的英语教科书("QQ"是腾讯的一款在学生层非常有人气的聊天软件)。推出支付宝的阿里巴巴系的蚂蚁金融在今年年初春节期间,推出了像神奇宝贝 GO 那样使用 AR 技术寻找压岁钱红包的"实景红包功能",但是没听说有人用过,7 月份这一服务就终止了。

虽说一直在倡导将电子商务和 VR 融合,而且也将其作为今后的目标。但是,没听说因为口口相传而得以普及。只有面向孩子教育的 AR 产品时常能看见,AR 产品还没有跳出这个范畴。

正在研究联网车的阿里巴巴,计划让联网车相关公司在 2018 年发行车载导航兼娱乐系统。阿里巴巴宣布今年要对全息 AR 显示器 WayRay 投资 1800 万美金。由阿里巴巴与中国汽车制造商"上海汽车"的合资企业"斑马科技"和 WayRay 进行联合开发。

阿里巴巴和腾讯还各自尝试着聊天软件和 AR 的融合。以 AR 的形式显示自己的虚拟角色,然后和聊天对象互送图章进行互动。腾讯在本公司的聊天服务"微信(WeChat)"的扩展功能"微信电话本"上装备了通过虚拟角色实现的 AR 聊天功能。用智能手机摄影,制造出变装的虚拟角色。另外,阿里巴巴还计划在全国各地的商业中心设置 3D 扫描仪,用来制作自己的虚拟角色以便在网络服务中使用。

第 6 课

参考译文 1　无论是设计还是操作性,电脑在进一步进化

在商业活动中,电脑早已是不可缺少的工具,但在个人生活中似乎找不到它的存在感。虽然在性能上有了戏剧般的进步,但由于消费层的需求变化,很多人指出电脑已被智能手机或平板电脑取代了其主要地位。为了能够夺回其地位,社会也关注着电脑今后的发展趋势。

2017 年 2 月举行的富士通通讯公司的"FCCL 之匠心体验会"活动中,也多少能窥视出其端倪。在此次活动中发布了新概念电脑模型。展示了目标人群更加明确的产品,如面向一味追求使用简便性的低需求用户群的模型,采用了崭新理念的面向创新创意者的模型等。

尤为独特的是与学生共同打造的立体型设备。只要组装投影仪或者投影型的键盘,就可以随处供大家使用。根据用途和情况轻而易举就能追加设备。此外还展示了壁挂式镜子型的显示器、机身上使用皮质或者纹理的样机等,很多让人想象未来电脑样子的产品。

另一方面,能够完全改变电脑使用场景的就是与 AI 技术的融合。将具有高品质处理性能的电脑作为一个集线器,可以实现管理并操作连在家庭网络上的机器。这些都不禁让人想象在未来物联网时代电脑会从设备变成人类的伙伴吧。

2015 年 7 月 12 日到 16 日在德国举行的 2015 国际超级计算机大会上,发布了今年上半年的超级电脑排行榜 TOP500。

上一届(2014 年 11 月)的第一位天河 2 号卫冕领先地位,还是新的超级电脑摘得其冠,令人瞩目。结合全世界超级电脑的现状,我预测,这次天河 2 号应该仍保持第一位。但是,就在这半年时间排名如何发生变化也很令人期待。

并且我也非常关注与 Top500 同时发表的 Green500 的排名。Green500 是电力对性能的排名,上一次 Green500 中,日本的风险投资企业 PEZY Computing 和其合作公司 ExaScaler 的睡莲系统意外摘得世界第二位。据说,也得到了大学等方面的支援,但仅仅靠两家公司 20 名员工就实现了如此骄人的成就实属难得。好像如今也在继续坚持改进技术,也有可能在本次 Green500 中获得第一名吧。真是令人期待。

如此性能提高的背后,必然会有各种技术的进步。

首当其冲的就是半导体的细微化技术。说清楚点就是,用半导体制作的机器进一步小型化的技术。通过细微化技术的进步,如今能够将同样面积的芯片上搭载更多的晶体管。

其结果就是,内存容量增加,中央处理器设计幅度扩大,也有助于提高中央处理器运作频率。

IT日语泛读教程

进入21世纪,半导体的细微化进一步发展,中央处理器的耗电量和散热变得不可忽视。像英特尔的Intel Core(英特尔酷睿)系列那样,中央处理器转向多核化方向以期提高性能。可以说这个过程也同样适用于大家使用的电脑的中央处理器。

另一方面,超级电脑中不仅中央处理器需要提高性能,通讯功能也成为重要因素。

超级电脑是连接搭载着多个中央处理器的服务器构成的。所以,即使中央处理器提速了,但是服务器之间的通信缓慢的话,超级电脑的整体性能也无法提高。因此,超级电脑采用了高速的通信方法和通信效率高的连接方式。以前的通信方法是利用单纯地将电线捻接而成的双胶线,如今是更加高速的光纤。

在成百上千种服务器连接方法中,为了提高通信效率,人们在不断研究并实际应用着各种方法。

超级电脑内的中央处理器之间或者服务器之间进行着频繁的数据传输。并且数据传输也是几千条以上同时进行。如此说来,哪条线路最短,哪条线路正在被使用,这些都是问题。而且,还必须保证传输中的数据不能下落不明。

参考译文2　富士通"FCCL之匠心"体验会(2017年)

富士通FCCL公开了作为笔记本电脑生产基地的岛根县出云市的岛根富士通的情况。

今年(2017年)12月1日,该公司为了迎接成立一周年,以《FCCL之匠心体验会　FCCL技术的现在和将来》为题,介绍了该公司的事业战略和岛根富士通产品制作的优势等。

富士通董事长齐藤邦章氏一边活跃会场气氛一边说"匠心体验会的企划是全体员工丢下工作而精心准备的,当然这个也是工作。富士通FCCL的目标是'我们通过承担所有人、所有场所发生的或者需要进行的计算,为丰富客户的生活方式做贡献。利用匠心技术第一时间为客户提供优质产品,这一PC事业我们做了35年。这35年间我们连续推出了世界首个产品。我们必须发扬这种优良传统,一定要推出最合适的产品。而且,每台产品都不同,并能够在顾客所要求的期间内发货。这个在日本完成的开发、生产和支持全程的价值链成为支撑匠心的核心。'"

岛根富士通是国内最大规模的PC生产基地,1990年作为富士通PC的生产基地开始投产。2013年累计生产了3000多万台PC。

之前也生产了以FM TOWNS为代表的台式电脑,1995年开始专门生产笔记本电脑,现在也在生产平板电脑。此外,还与生产富士通台式电脑的福岛县伊达市的富士通Isotec合作。从事业持续性的观点来看,岛根富士通也构筑台式电脑生产的体制,定期进行生产实验。像这样能够生产多样化产品也是岛根县富士通的优势之一。

2011年,岛根富士通所在的斐川町编入了出云市。与此同时,岛根富士通生产的PC作为"出云的形

象"展开品牌推广。在出云市作为为故乡纳税的回礼之一,准备了在岛根富士通生产的笔记本电脑。

岛根富士通的宇佐美隆一社长表示:我们追求的匠心不仅包含了Craftsman(工匠、熟练工)部分,还包含了过程这一部分。作为组织怎样能改变现场是关键。每天积累一点点改进,就可以实现技术创新。希望各位能看到制作现场的匠心。

富士通的执行董事河部本章氏表示:富士通作为通讯设备公司起步,之后进入信息领域。在硬件的基础上构筑了SI等服务事业。今后,富士通将转向数字服务,与其他公司不同的地方是我们不单是服务公司,而是以强大的技术为基础的服务公司。通过本次匠心体验会,大家能看到我们的很多技术。泛在解决方案事业的技术既有深度又有数量。在这一点上远远超越了大企业。我们在想如何一边重视强大的技术,一边与服务结合。此外,岛根富士通的生产线在富士通集团的工厂中是最好的。另外,FCCL能给每位顾客提供定制服务,这可以说是我们的一大优势。重要的是把所拥有的技术与社会的繁荣、人的繁荣相结合。

第7课

参考译文1　今后的数据中心所面临的课题

IT活用的主战场从客户端服务器转移到云计算,另外由于物联网和人工智能的应用,估计全世界的全年网络信息流量将在2021年达到3.2ZB。这是2005年到2021年间总网络信息流量的127倍。为了应对这样急速增加的信息流量,云计算的普及正在给数据中心提出各种各样的课题。

建立大型数据中心的紧迫性

网络信息流量急增的一个重要原因是信息流量内容的变化。这对数据中心来说也是一个巨大的压力。

比如,在客户端服务器时代,连接数据中心和用户的网络流量内容大部分是签约企业的内部用户所使用的文档和图片文件。但是,随着对数据中心的利用转移到云端的托管服务器和租借服务器,连接数据中心和用户的信息流量内容就演变成了不特定数量的外部用户所利用的声音和动画等大容量信息。

加之,由于智能手机的普及,使从前没使用过电脑的用户也可以浏览网站,利用SNS、游戏、地图等服务,连接到数据中心服务器的用户数量有了飞跃式的增长。并且,由于物流网的应用,各种家用电器和工厂中控制的设备甚至也都联网了,这样一来,接到数据中心云端服务器的设备数量达到了空前的规模。

如此一来,云端服务导致了信息流量的增加,而为了应对这种变化,数据中心就有必要拥有大规模的机房。该机房要能够支持大量的电力供给、具备控温能力、拥有大容量的网络基础设施以及大容量的IT设备。为此国内正在积极地投资进行新建和扩建。据IDC Japan在2017年3月发布的调查称,截止到2016年末国内的数据中心的建筑总面积达到了203万3540平方米,预计2021年将会增加到220万319平方米(年均增长率为1.6%)。

人工智能应用引起耗电量的增加

大型数据中心如果增加,耗电量也将是巨大的。数据中心耗费的电量每年以10%的速度增加,据说如今已占全世界整体能耗的大约2%。但是,预计今后数据中心耗电量增加的主要原因将不只是云端服务的扩大和物联网引起的联网设备的增加。

最近各种各样的网络服务中,人工智能开始被普遍应用。比如在电子商务网点开始导入了用户接待服务。人工智能能够学习客户的行为,在最合适的时机进行最合理的销售。另外,用户可以在APP中对所上传的合作品牌的衣服进行喜欢与否的分类,人工智能则通过这个来形成时尚嗅觉,并根据客户的喜好提供合理的购买建议,这种服务也许是今后的服装厂商所必须的。像这样,在不知不觉中人工智能已经开始渗透进我们的生活。今后像聊天机器人这样能够通过声音进行对话的服务也会不断增加。

在支持人工智能服务方面已成为趋势的"深度学习法"今后将会是实现人工智能不可或缺的技术。但是在深度学习法中"学习"和"推理"是互补进行的,为了在学习中能够抓住要点,必须要有大量的数据和能够对其进行处理的计算能力。于是被称为HPC(High Performance Computing)的高性能服务器开始被大力引入。这种HPC的使用会产生大量的热量,因此数据中心在散热方面消耗的电力也会相应的增加。

节约能源将成为重要课题

从运营成本的削减方面来看,数据中心的节能一直以来都是个重要课题,但自2011年3月的东日本大地震以后,迫切需要节约耗电量,数据中心也在积极地着手降低PUE值(Power Usage Effectiveness;电源使用效率)。欧美国家也鼓励数据中心的节能化,在内华达州的拉斯维加斯设有基地的美国Switch公司在该州建立了世界最大级别的数据中心(约49万平方米),这里就应用了电力公司巨头NV Energy所提供的"能源百分之百可再生"电力计划。

降低数据中心能耗的手段之一就是架子的设计。比如在计算机架子的上部、下部、中央、热通道侧、冷通道侧设置温湿度调节器和气压计,来分析所测定的数值。通过这一手段,可以看到从冷却设备出来的冷气到达架子,冷却机器,直到排出为止的一系列的气流变化。根据所得的信息排列架子,来精确调控冷却设备的运转强度,以达到最佳效果。

另外,向数据中心提供硬件的供应商也在努力地降低能耗。比如,英特尔7月所发布的面向HPC的Xeon Scalable处理器能够降低系统空闲时的耗电量、提供80 Plus Titanium PSU(能够实现80%以上的电力转换效率的电源单元)的选择、并设计了提升辅助散热系统效率和稳定性的高级散热功能等等,应用了大量能够降低数据中心能耗的技术规格。

今后在考虑利用数据中心时,首先要明确需求,在此基础上,需要有满足需求的设备,能找到提供合乎需求的设备的供应商似乎变得十分重要。

参考译文2 数据中心的潜在威胁

如果使用数据中心的话,往往会觉得不需要在本公司加强服务器和网络方面的安全对策。

诚然,数据中心运用最尖端的安全技术保护着用户服务器及网络。但另一方面,虚拟服务器、云计算、物联网等最新技术使得网络构成变得愈加复杂,数据中心也每天都置身于新的威胁之中。使用数据中心时,根据对其利用形式的不同,需注意相应的安全方面的薄弱之处。

互联网技术的复杂化成为新的威胁

随着互联网技术的不断进步,黑客的攻击也进化得更加复杂。从前恶意攻击的黑客开始对服务器系统进行随机的攻击。对于这样的攻击,只要加强服务器层面的安全防范就可以避免。但是,由于最近服务器

的虚拟化和采用了多种应用程序的分散型应用体系结构的普及,在数据中心的利用上,也要根据不同的利用形式建立对策,以应对不断增加的新威胁。

比如,过去的数据中心都是在一台服务器上租用一个应用程序。但是,如今在多个虚拟服务器上租用多个应用程序的形式已成为主流。这种利用形式扩大的话,当一台服务器发生了信息泄露,那么将影响到非常多的应用程序及用户。

服务器虚拟化带来的威胁

由于硬件处理能力的提升,很多数据中心都开始使用虚拟服务器,可以在一台机器上虚拟地划分出多台虚拟主机。在虚拟服务器中由于可以划分出不同的 HTTP 服务器,所以可以同时处理多个域和 IP 地址。虚拟服务器和物理形态上分离的服务器相比虽然处理速度会变慢,但是由于有使用成本低和设置简易化等优点,估计今后数据中心也会积极地向用户推广。另一方面,和普通服务器相比,运营虚拟服务器很难对各个机器之间的交互处理进行监控,这将衍生出新的威胁。

在虚拟服务器中运行多台主机,意味着要在一台物理机器上同时运行多个操作系统。这时,虚拟服务器为了使各个虚拟主机之间的交互变得顺畅,会使用能够模拟网络交换机的软件。这个虚拟的网络交换机有时不能和实体网络交换机监控软件兼容。无法监控服务器内虚拟主机之间的通信,会产生非常大的安全隐患。

利用托管服务的注意事项

蠕虫等对一台虚拟主机的非法入侵,在没有任何筛查的情形下可以转移到其他虚拟主机。这可能也会对数据中心的网络实体带来不良影响。

当然,数据中心也会采取很多防止这种威胁的对策,因此利用租借服务时,用户方不必采取什么应对方法。但是利用托管服务的用户如果在数据中心建立虚拟服务器的话,则需要提前想好对策。

第8课

参考译文1　全球化模式下IT投资的合理化

笔者所属的英国大型烟草公司的日本法人British American Tobacco Japan(BAT JAPAN)的IT部门重新规划了发展方向。从在日本独自开展IT战略的"LOCAL IT"向全球IT战略"GLOBAL IT"发展。

我想以IT投资计划为中心,讲解一下在BAT公司里全球IT战略和地方IT战略的磨合问题。

全球化战略及整合

我们先来确认一下BAT的IT组织的整体构成。全球IT组织设置在总公司所在地英国。选择主要应用程序的供应商、选择IT基础设施供应商、刷新主要系统等关乎集团整体的决策,都是由全球IT组织负责实施。

BAT把世界各国以区域为单位进行划分。区域组织负责跨国项目的资产组合管理、IT投资计划的制定及预算管理。

成为全球IT组织后,该公司日本法人的IT部门所发生的巨变是有目共睹的。可以说IT规划方面也是如此。

从前,只要根据日本的IT战略和预算制定IT投资计划就可以了。现在,在此基础上,还要考虑到与全球IT计划和预算之间的整合性。

IT预算是在BAT集团整体敲定大方向后,再分配到各个区域。除了这种区域性预算外,包括日本在内的各国也会制定各自的IT预算。要考虑各个项目的优先度和紧迫性,考虑到全球IT战略的短期和中期计划等,还要综合考虑区域层次的预算和国别层次的预算,最终决定投资计划和预算。

全球IT组织进行的项目无法覆盖BAT所有的IT需求。全球IT组织所承担的主要是影响到整个集团的基础设施及应用程序的投资方面的决策。因此,各国需要制定符合该国商业需求的IT战略。

此时,将全球IT组织与地区IT组织结合、将全球化的IT战略与区域性的IT战略进行对接的机制是十分重要的。如果没有这一机制,就有可能产生投资上的浪费。

全球IT计划是自上而下的,区域一方(日本)一般来说只能接受。了解全球IT计划和项目,能够把握集团今后的工作内容,也可以应用于区域IT战略的制定。

对接全球IT战略与区域性IT战略需要把握IT投资状况和预算状况。亚太地区的IT策划团队的重要职责之一,就是将区域整体的IT投资状况和预算状况落实到书面并对其合理性进行评估,并将评估结果应用于IT战略的制定上。

IT日语泛读教程

亚洲IT战略的可视化及评估

IT成本的组成因国而异。除了社会基础设施成熟度、市场规模、销售额、市场化进程、商业模式等不同之外，应用程序的数量、全球化解决方案、独自开发的比重也各有不同。

BAT为了更易于把握IT的投资及预算状况，制定了全公司的标准。例如IT方面的投资和预算按照项目设置统一代码，必须按照此代码来规划预算。

项目则按照数据中心相关费用、市场相关应用程序费用、安全相关费用等进行了详细的定义。例如，BAT所使用的代码有以下这些。

代码示例：

ASS-MKT-XX	市场系统维护
DCN-MAN-XX	数据中心管理费用
INF-MNG-XX	基础设施相关费用
NTS-VOI-XX	网络（音声）相关费用

使用代码进行分类可以按照项目把握费用流向。

例如，在整个亚太地区，IT成本中网络相关费用占比正在逐年增长。那么由于某国的营业网点正在增加，今后网络相关费用也会有继续增长的可能性。

亚太地区的IT策划团队在掌握了这个状况后，就会和各国的IT工作人员讨论制定对策。比如在技术上是否有控制成本的办法。如果亚太地区整体有类似成本消耗状况的话，是否需要集中与供应商进行交涉等等。

本国可以借鉴他国经验

区域性IT战略时代只需考虑如何在本国的预算中谋求最佳之策来制定IT投资计划和预算。

当发展为全球IT组织后，就能综观跨越国别的投资计划和预算。这么做的好处是选择变得更多了。

BAT的商业活动涉及全球200多个国家，可以以国家为单位比较IT方面的成本构造。如果得知在某国或某区域某个特定领域成本较低的话，那么就可以分析考量这种手法在自己的国家是否可行。

跨越区域吸收新见解，同时将其应用于分析集团整体投资，以谋求投资的最优化。这是IT策划团队的职责。

最近，集团整体正在重新审视IT策划的方式，探讨BAT今后更有可能投资什么样的项目，将采用什么样的技术，商业将发生什么样的变化，基于这些问题必须要进行哪些方面的测评，以及如何进行测评等。

IT计划相关的项目由各个地区的负责人参与其中。与来自不同国家、平时从事工作内容不同、背景不同的同事在一起工作并非易事。

全球化层次的挑战是巨大的，但也更具价值。笔者认为应该积极应对新事物的挑战，为组织的成长做出自己的贡献。

一般认为IT的优劣对企业的竞争优势有着重大影响。我想今后这种倾向将愈加明显。

参考译文2　中国的技术革新与日本的技术革新

　　由于中国经济对世界的巨大影响力,中国经济增速缓慢引起了世界的广泛关注。当今,中国经济所需要的是增加能够促进新发展的供给力。同时还要为此果断进行大刀阔斧的整顿,来防止特定产业中为了消解生产设备过剩及合并重组所引发的不当竞争。今后中国经济成长的源泉应该是"投资效率的改善"和"劳动生产率的提升"。

　　投资效率的改善是指防止由不当竞争所引起的重复投资和改善非效率性投资等。中国在公路、铁路等基础设施和生活环境的改善、环境污染的防治等公共设施领域还有很多可投资的对象,今后投资也会成为经济增长的动力之一。

　　在劳动生产率的提升方面,现在的中国还有很大的提升空间。首先,从中国整体平均水平来看,劳动生产率的绝对值偏低。另外由于今后劳动人口也将不断从第一产业向第二产业、第三产业流动,信息技术化使生产和经营效率不断提升,企业经营水平的提高等确实会促进劳动生产率的提高。但是,还有持续促进经济增长的重要因素。那就是促进商品和服务的技术革新。技术革新包括"技术创新"和商业模式等"软革新",两者都能非连续性地提高商品的附加价值。技术革新一旦发生,劳动生产率的数值当然也会提升,这将成为巨大而持续的动力来促进经济增长。

　　中国把称之为"创新"的技术革命作为国家战略进行推进,一直以来在确定的目标领域进行着巨额投资。另外,中国政府鼓励国民创业,也积极地推行相应的政策。实际上,在中国的IT服务行业,以阿里巴巴和腾讯公司为代表的技术革新在不断产生,在此领域已晋升世界领先水平。

　　日本企业技术创新能力的提高与上个世纪60年代到80年代的经济高速增长期同步。这一时期,日本官民齐心协力投资产业领域的研究开发。因为,大家一致认为想要促进经济的持续增长,必须依靠技术创新来提高国际竞争力。

　　日本的科研开发所带来的技术革新和对经济高速增长期的贡献主要体现在两个方面。第一,研究开发的主体是企业。在经济高速增长期的日本,研发经费的75%都来自于民营企业,政府对民营企业的支持不到2%。当时美国的研发资金中由政府出资的占30%,因此,20世纪80年代日本的研发经费中政府支持的比例是主要发达国家中最低的。第二,中小企业对日本研发能力提高的贡献大。20世纪70年代企业的研发比(研发经费占销售额的比例)整体是1.5%左右,中小企业的研发经费比和大企业几乎没有差别。因此,在日本,即便是现在,中小企业所研发的高新技术也非常多。20世纪80年代以后大企业进一步提高了研发经费比,如今增加到了3~4%,而那些重视研发的中小企业也保持在2%~3%。另外,在日本,以中小企业为主的

"技术服务业"的成熟也值得我们注意。我还记得自己在写硕士论文时,在组装复杂的实验器材方面就获得了技术服务企业的大力支持。

　　日本的研究开发无论是过去还是现在一直以来主体都是民营企业,对市场状况的高度敏锐性使他们在商业方面成功的几率很高。另外,以业界团体为中心的技术及技术人才数据库也相当完备,这对维持研发者们的技术评价水准提供了有力保障。日本在技术研发上的物理环境优越性虽鲜有提及,但这一点也是非常重要的。日本的大学和企业的研究设施都得到非常细致的保养,清洁并维持有序,因此不易产生测量误差。

　　中国要促进技术革新,并使之成为经济发展的原动力,日本的经验具有很大的参考性。也就是说,为了促进技术革新投入资金当然是有必要的,但是除此之外,比如对市场需求的敏感度和周边技术服务业的发展等这些投资以外的重要因素也很多。技术革新只有在政府与企业的合理分担配合下才会实现。

译 文

第9课

参考译文1　性质恶劣！蔓延网络的"新手诈骗"实态

随着电脑和智能手机的普及，通过互联网实施的诈骗案件逐渐增多。例如：自己明明没登录过有偿使用网页，却收到了缴费通知。此类诈骗案的受害者年龄分布十分广泛，从二十岁以下到八十岁以上都有。目前网络诈骗如此高发，可以说全家人都遭遇过此类诈骗也不足为奇。

IT新闻记者三上洋指出："之前的网络诈骗受害者大部分是年轻人，但是现在其范围扩大到了中老年人。尤其是第一次上网、第一次使用智能手机的菜鸟更容易上当受骗。"其手法主要是用虚假邮件或网站欺骗受害人，使其支付大额费用。

之所以产生这种现象，三上洋认为是因为"最近几年来，在便利店等地方使用电子货币付款的情形不断增多。相对于亲手交钱或银行转账，利用线上付款进行欺诈而被逮捕的可能性低。"

电子货币主要有便利店或量贩店出售的卡片型和便利店多媒体终端出售的票据型两种类型，大部分面值为1500日元到5万日元。

"顾客可以在面额范围内购买商品或接受服务，因此只要能提供卡片上记载的号码，任何人在任何地方都可以使用。因此罪犯想方设法企图问出卡片号码。"

"单击诈骗"受害者频出

"单击诈骗"的受害者也层出不穷。一旦点击了网页上出现的某个网址，界面上立刻弹出"感谢您入会"的对话框。此类被迫单方面签约也属欺诈手段之一。

"在界面上点击了一次，毫无反应。正疑惑着又点击了一次，界面仍旧没有变化。当第三次点击的时候，出现了'感谢您签约'的字样。实际上在画面下部用不起眼的小字写着'点击三次视为同意入会'。"

什么？难道没注意到提示语就是我方的过失吗？

"无论协约是怎样写的，但凡能引发误解的协约一律无效，因此可以无视它。即便点击错误，也不要急于拨打'错误点击的客人请访问这里''想取消的客人请访问这里'等按钮所显示的电话号码。一旦拨打了此类电话，对方就会威胁说'您的电话已被登录黑名单''我们会起诉您'"。

诈骗犯的目的是迫使受害人打电话，好套取受害人的个人信息或骗取钱财。

"收到虚假账单邮件的情形也同样，忽视它就好。总有一天邮件就不会再来了。"

算计受害人的"谈话诈骗"

现今也有犯罪分子故意瞄准目前失意的受害人，对其进行所谓"谈话诈骗"的二次诈骗。

"当我意识到自己被骗之后,立即在网上搜索应对方法和咨询机构,就会出现带有'帮助解决账单纠纷'字样的法律事务所和侦探事务所的广告。其中就有从事诈骗的商户。"

此类诈骗案原本就不存在"解决"之法。

"与连姓名和住址都不明的骗子的交涉原本就不成立,从而解决问题的可能性根本不存在。可一旦轻易地寻求对方的帮助的话,明明没有解决之道,却还要被以'咨询费''调查费'等名目套取费用,使自己陷入二次伤害。"

冒充知名企业的"假邮件诈骗案"

据说冒充 KDDI 等大型企业、DMM 等知名视频网站还有一些公共机构的假邮件诈骗层出不穷。

"内容主要是紧急快报、宅急送和邮局的配送通知等。比如绝对不可以一看见写着'您的邮件在我处保管。详情请咨询这里'的字样,就毫不迟疑地点击上面附带的网址。在虚假网站上输入了个人信息、甚至感染了病毒导致从智能手机或电脑上向银行账户转账致使钱财被盗的'网络盗窃'这种案件也存在。当遇到此类情形的时候,我推荐直接访问企业官网而不是直接访问对方所提供的网址。"

支援诈骗

仿佛是瞄准了网络弱者,从去年开始电脑等终端上的"支援诈骗"异常增多起来。

"正常使用的时候,电脑突然发出'噼'的一声警告音,随即显示'Windows 安全保护系统已损坏'。紧接着屏幕出现客服中心电话。"

电话的另一端当然是假冒的客服中心。

"煞有介事地远程操作电脑,一年收取数万日元的费用。在这个过程中还有把个人信息泄露给对方的风险……"

网购诈骗

还有网上购物的时候,钱款已经支付却收不到商品之类的"网购诈骗"的手段也越来越巧妙。今年1月以来,在大型购物网站亚马逊上,此类诈骗案件屡见不鲜。

"在亚马逊网站上出售的商品,既有亚马逊自营商品,也有被称为'电子市场'的第三方企业或个人售卖的商品。危险的是后者。骗子非法获取企业或个人的账号后,展示虚假的商品信息。骗子只需要把汇款账号变成自己的,就可以轻易骗取钱财。"

不过,遇到这种情况也有补救措施。如果没收到商品,只要商品的价格在三十万日元以内,顾客只需提出申请,亚马逊就会返还已付金额。

可是,如果在标榜超低价的店铺购买商品的话,遇到商品没到货或者收到了假货的情形,是不太可能收到退款的。一定要注意甄别某些仿造大型网站的虚假页面。

"归根结底,就是告诫大家不要总想着在网上买便宜货。新品的价钱基本上都差不多。一定要对异常低价有所怀疑。"

其他的鉴别可疑网页的方法

除此以外还有其他的鉴别可疑网页的方法,下面这几项供大家参考。

- 明显低于正规新品的价格

译文

- 公司信息中没有电话号码
- 使用条款或邮件的日语表述有不通顺的地方
- 要求用银行转账的方式支付
- 收款方的户名不是企业名而是个人名或外国人名

"账户被窃取的主要原因,还在于有很多人疏于对个人信息和密码的管理。密码要设置成10位以上的英文数字组合,而且同一密码不要用于两处以上。电脑安装收费防病毒软件才可以放心。"

充满着魑魅魍魉的网络社会,无论如何防卫也不算过分。

参考译文 2　既是加害者也是受害者的时代

A:"我本想介绍一下自己喜欢的曲子,于是把艺术家新歌的歌词写到了博客里。当然仅仅是简单的介绍,并没有盈利的目的。"

B:"在一个匿名论坛里,关于某个博主的负面消息满天飞。我自己也不由得顺势写下了'这家伙完全就是靠着欺诈赚钱!'这样的恶评。其实这只不过是传闻,我自己并不知道事情的真相。只是别人都在写着同样的内容,我不过就是效仿了他们而已。"

C:"我想要声援自己支持的候选人,于是在网络论坛上发表了'请给这个人投票吧!'的帖子。其实并没有说什么人的坏话。"

听到了以上内容,您作何感想呢?

对于抄写了歌词的A,在网络上拉票的C,您可能会认为"他们哪里有错?莫不如说他们做了一桩好事。"而在网络上发表恶评的B的行为尽管不至于被褒奖,但是既然很多人都做了,这也不至于被算作是太出格吧。

可事实上,以上这些行为均属违反了法律的"违法行为"。尤其是A、B两人在网络上的言论属于应处以刑罚的"犯罪行为"。A和B属于在网络言论上的"罪犯",在法律上,A和B有可能分别面临最高10年和最高3年的有期徒刑。当然以上所述都是理论上的上限,实际上不会受到这么严重的处罚,但至少在法律上是这样的。听到这些,您可能会产生些许惊讶吧。

这三人究竟违反了哪项法律呢?在网络上复写出歌词的A触犯了"著作权保护法";发表恶意评价的B犯了"损害名誉罪";而在网络上呼吁投票的C的行为属于"违反公职选举法"。

以上罪名大家都可能听说过,但对于大众来说可能没有太多的切身体会。

著作权法和损害名誉罪都属于"表达内容"方面的法律。只不过曾经这类法律主要是为了规范电视台、报社、出版社等媒体行业以及电影、音乐等娱乐行业而存在的。因为能够面对大众发布信息的人,曾经仅限

于一部分人或组织。

《公职选举法》是为了规范选举活动而制定的法律。这部法律也曾经只需要政党、候选人、秘书以及工作人员等直接从事选举活动的人注意一下即可。

可是这些法律现在不仅仅是与其直接相关人员有关的法律了。

因为当今的时代，是一个只要在能接入互联网的环境里，无论是谁都可以向世界发布自己的见解和信息的时代。尤其是最近，博客、脸书、推特等使用方便的社交软件迅速普及，即便是中小学生成为信息的发布者也不足为奇。从政治经济新闻到社会杂谈，所有的话题都会被大众议论，工作、学校、家人的事情之类，人们切身平常的事情都被大家描述着——数量庞大的人群正在进行着各种各样的"发言"，这就是当今现状。

伴随着用户人数的不断增多，纠纷也相应地增加。只要方便的事物存在，就一定会有恶意利用的情况出现。

随着围绕网络言论而出现的法律纠纷越来越多，出现了专门处理此类纠纷的律师。但我认为还有更多的受害者无法得到律师的帮助，只好忍气吞声作罢。

受害人的增多意味着加害人的增多。给自己的孩子配备手机的家长会担心"自己的孩子会不会在网络中成为受害的对象"，但是却不会注意到"孩子有可能会成为犯罪行为中的加害者"这个问题。

虽然在这里笔者使用了"受害者"和"加害者"这样的字样，但实际上这两者决不是简单地一分为二。在网络世界当中，每个人都是信息的接收者，但同时也是信息的发出者。到昨天为止还是受害者的人，今天就变成了加害者的情况也不在少数。即便是从不在网络上积极发言，并且几乎不使用网络的"旁观者"也存在着不知何时被卷入纠纷的可能性。

为了在危险重重的"网络世界"中避免纠纷，我们还是多了解一些这个世界的"规则"为好。

译 文

第10课

参考译文1　火遍全世界的"共享单车服务"的现状

引人注目的"共享单车服务"

　　由中国的新兴网络公司"摩拜"打入日本市场而备受关注的单车共享经济。由于日本国内有软银和各行政体的参与，因此可以说是一个备受期待的市场。

　　但是，为了使共享单车更加普及，在停车空间、支付、返还方式、使用者道德规范等方面，还有诸多必须要解决的课题。

　　因此，这次我想以新加坡为例，探讨一下共享单车所面临的课题和其可持续发展的可能性。

　　为何选择新加坡？因为在新加坡，不仅"摩拜"在积极地拓展业务，其他中国公司以及当地公司也积极地参与进来并展开了激烈的竞争。并且自上而下的行政体制、国土狭小等因素决定了与日本相比，新加坡能更早显现出共享单车的实际投放效果。

　　通过新加坡的实例，我们或许可以获得一些关于日本如何发展共享单车的启示。

"三足鼎立"的新加坡，"快速定位单车"是关键

　　新加坡政府原本打算以行政手段主导共享单车事业的发展，但由于"摩拜"的进入，政府采取了暂时收手、进行观望的姿态。

　　截至2017年7月，共有三家公司在新加坡开展共享单车业务。分别是新加坡当地企业oBike、中国的摩拜和ofo。

　　这三家公司的服务模式基本相同，只是在单车的醒目度以及客户端的使用便捷性上有所差异。这些差异似乎也体现在用户评价上。

　　让我们来看一下他们的共通点和各自的特点。

　　oBike于17年1月份推出实验单车，4月份正式开始运营。据oBike说，2月份其在新加坡一共投放了1000台单车。

　　iOS系统和安卓系统的应用均可以使用该服务。在登录时，首先要交付49新币作为押金，按照7月20日的汇率计算约为4000日元。可以使用Paypal、信用卡、借记卡来支付。此外，oBike还提供学生折扣，学生折扣的押金为19新币。

支付完押金后，使用者可以从客户端内的地图里寻找附近的单车，用智能手机读取贴在车身上的二维码，完成解锁就可以骑车了。租金为每15分钟50分新币（约41日元）。

中国的摩拜和ofo也可以在iOS和安卓系统下运行。摩拜的押金是49新币，ofo相对来说便宜10新币，为39新币。摩拜的费用是30分钟50分新币，而ofo是一小时1新币（最多2新币）。

整体上看三家公司在登录、使用方法以及押金和费用等方面几乎相同，看起来并没有太大差别。可是从用户的角度来看，三家公司的差别却很大。至少从笔者的视角看，目前看来比起ofo，oBike和摩拜给人以使用起来更方便的印象。

其中最大的区别在于"是否能快速找到单车"。

只要走在大街上，我们很容易就能找到oBike和摩拜的车，而ofo的单车却几乎见不到。新加坡国内的媒体也提及过难寻ofo单车的情况。

正如前面所述，oBike已经在国内配置了1000台单车。而摩拜也制定了在2017年内配置1000台单车的目标。而ofo最近刚刚宣称其配置了500台单车。看来在单车数量上果然产生了差距。

并且ofo没有GPS定位，致使用户在客户端地图上不能确定单车的具体位置。而oBike和摩拜的自行车均可以进行GPS定位，用户在客户端地图里可以搜索到单车。显而易见，找不到的东西没法使用。这是ofo今后要解决的重要课题。

解决"骑完就扔"问题的方法？

大街上随处可见的共享单车虽然为我们提供了便利，却并不是不存在问题。最令人担忧的就是自行车的"违法停车"问题，也就是"骑完就扔"。对于在国立公园以及私有地等指定场所以外停放的单车，逛公园的市民以及周边的居民有很大的意见。

此类违法停车的情况如果增多的话，共享单车的存续就成了问题。各个公司为了防止违法停车，均采取了信用积分制度——给按规则使用的客户以奖励。各公司的信用积分制度都相似。让我们以oBike为例来了解一下。

在oBike的信用积分制度中，首先会分配每个用户100个信用积分。然后采取对优质客户加分、违规客户减分的方式。

比如，随意停放单车或忘记锁车的话，会扣除20积分。发现故障车或违法停车的单车并上报的话，会奖励23积分。

如果反复违反使用规则，从而信用积分下降到60至80分区间的话，骑行费用会变成每15分钟5新币。如果积分下降到60分以下的话，费用会一跃为每15分钟50新币。

另一方面，当信用积分上升到181分以上的话，好像会有相应的奖励。但现阶段我们并不清楚详细的奖励计划。

在新加坡开展业务的三家公司提供的服务，与东京千代田区的自行车共享服务"千代来了"的那种只能停在固定位置的模式不同，只要在指定场所，停在哪里都可以。

这个指定场所的定义过于宽泛,实际上被理解为在几乎所有场所均可停放。这好像也是造成违法停车多的一个重要原因。

实际上,在 oBike 的网页上仅仅写着"自行车请一定要停放在指定的公共停车区域里"的字样,可以说这样容易导致用户使用的混乱。为此,oBike 正努力明确返还地点,如在 APP 的地图上明确显示规定的停放区域。并且摩拜也正通过开设新的单车停放区等方法来解决违法停车问题。

参考译文 2　共享经济飞速发展的中国

在中国,共享经济这一经济模式迎来了飞速发展。据中国电子信息中心推算,2016 年中国共享经济的市场规模约为 5030 亿美元(约 58 兆日元),年增长率达到了 103%。

为什么共享经济在中国会急速扩张?我认为有四个理由:首先源于中国政府对技术革新的制约比较少;第二是共享经济精准地迎合了被称作"90 后"的生于 20 世纪 90 年代年轻人的生活方式和喜好;第三在于支付方式的电子化,尤其是以智能手机为媒介的移动支付的迅速普及;最后是"信用平台"的产生。

作为共享经济的代表,最初在中国发展起来的是一种被称做"P2P"的个人与个人之间进行"社会借贷"的融资服务。所谓"社会借贷",是将需要融资的个人和想把剩余资金借出的个人进行匹配的服务。在中国,社会借贷于 2014 年前后蓬勃发展起来。

第二个理由是积极接受共享经济的一代人的存在。前述被称为"90 后"的一代人,他们既是共享经济的利用者又是提供者。"90 后"正是伴随中国经济发展和互联网普及而成长起来的一代人。

中国目前正飞速发展的共享单车行业的一大公司"ofo",其创始人就是一名于 2013 年毕业于北京大学的"90 后"。据教育咨询公司麦可思(MyCOS)和社会文献出版社共同发表的《2017 年中国大学生就业报告书》所述,在 795 万大学生中有将近百分之三,即约 20 万人在毕业后选择了创业。在这些创业项目中包含了众多的共享服务。

第三个理由是移动支付的普及。在当今中国的街头随处可见二维码。阿里巴巴"支付宝"和腾讯"微信"的移动支付已逐渐覆盖了几乎所有的店铺乃至服务的支付。2016 年,支付宝的日均处理额为 1.75 亿日元,其中的 60% 是用户通过智能手机等移动终端完成的支付。

移动支付为共享经济提供了重要的平台。以共享经济中最具代表性的共享单车为例,在使用前,人们可以用智能手机读取位于车座后部的二维码来解锁。使用后一旦给车子锁上,单车的费用会伴随着定位信息一同发送到客户的手机上,客户直接用支付宝付款即可。如果把支付方式换成现金,必然需要专门征收

费用的人员和设备，况且专门为小额结算而雇佣人力，这在成本上并不划算。中国的移动支付已经扫清了这个障碍。

最后一个原因在于中国"信用平台"的诞生。在现如今的中国，"芝麻信用"的服务范围在不断扩大。它作为支付宝的附带功能，提供以个人行为数据为基础的信用积分服务。积分每月更新一次，如果用户在本月当中产生了被高度认可的行为的话，信用积分会上升，反之则积分下降。目前，芝麻信用的高积分客户可以享受到种种优惠。比如，高积分的客户在租车时会减免大部分的押金。在使用共享单车时，芝麻信用积分在600分以上的用户会免收押金(约100元)。

第11课

参考译文1　IT行业的构造和任务分担

雇佣IT专家的企业大致可以分为两个集团。首先是"为了使自己公司的事业顺利进行而将信息系统作为工具加以利用的顾客企业（订货方）"。例如，开发并引进了用于提高生产率的管理系统和用于网络销售商品的系统等。之所以被称为顾客企业，是因为从后述的IT企业方来看，它相当于客户方。

作为该集团的企业、组织，有"信息系统部门（总公司）""信息系统子公司"和"网络商务企业"。信息系统部门是企业总公司内的一个部门，主要从事制定计划和（项目的）基本需求定义。信息系统子公司是指信息系统部门从总公司分离出来，作为专业子公司独立存在，拥有这种组织的客户企业，根据规模大小，有些在开发和运营方面自己负担。网络商务企业是指通过运营EC（电子商务）网站或搜索服务等网络商务获取利益的企业。很多情况下都是自主开发系统。

另一集团是指以上述的信息系统部门或网络商务企业为客户群，出售信息系统的导入、构筑、运营支援服务、素材等的IT企业（供货方）。通过提供设计、开发、运营、维护等服务，或是提供用于信息系统的硬件、软件、通信线路、数据中心等获取利益。

下图将信息系统的开发流程和各业态连接起来进行说明。各个流程严密的任务分担根据具体情况有所不同，但大致如下。在信息系统的①制定计划和②基本需求定义阶段，客户企业可以不亲自做而委托给IT咨询公司。基本需求定义之后到③设计环节，由系统集成商负责。④开发和测试由系统集成商和软件开发公司负责。⑤运营和维护工作是运营维护公司的专长。硬件制造商、软件制造商、通信运营商/网络服务提供商负责提供构建信息系统的素材。云服务企业通过网络向用户提供应用服务，以往用户只能在自己电脑上使用该应用。

信息系统由各种要素构成。只一家IT企业是很难提供如此多的要素的。因此，与竞争对手联合参与项目也是常有的。

话虽如此，但基本上大多数的业内企业都希望和客户企业直接签约，即成为"总承包商"。这需要与客户建立强有力的信赖关系，并具备高超的销售能力。在大规模项目的商务谈判中，很多时候是大型系统集成商或大型IT咨询公司获得"总承包商"这个宝座。

制定计划和基本需求定义阶段，一般是总承包商牵头，与订购方的信息系统部门合作完成。而到了要求专业技术知识的设计和开发环节之后，总承包商会根据项目规模和技术内容，将一部分业务外包给其他的系统集成商或软件开发公司。这样的合作公司被称为"分包商"或"二次承包"。

下图展示的是某个系统开发项目的交易关系。在这个例子中，总承包商是IT咨询公司，负责项目的整体推进。设计和开发测试工作，由客户企业的信息系统子公司和国内大型系统集成商共同分担。独立系统集成商或软件开发公司会作为分包商加入，有时会与竞争对手合作。国内的大型系统集成商也提供硬件产品。提供软件产品的是其他外资系软件公司。通信服务由通信运营商提供。

在这个例子中，项目的运营和维护由客户企业的信息系统子公司负责。但是，关于硬件的维护，依旧还是由提供了硬件产品的国内大型系统集成商负责。以上只是一个例子。如果项目规模很大的话，二次承包商还会向三次承包商转包。

参考译文2　IT活用最前沿

事例1：日本7·11便利店

可以尝到各式各样的新鲜便当，能够买电影票，还可以从ATM机中提取现金。小小的店铺，具备各项功能，为日常生活提供便捷服务。如果没有IT（信息技术），这些功能是无法实现的。

"单品管理"是日本最大规模的便利店7·11的竞争力的源泉。"单品管理"是指考虑每种商品为什么畅销、现在畅销到什么程度、今后的销售走势，从而将其归类为"畅销商品"和"滞销商品"的管理方法。

根据"畅销商品"和"滞销商品"的定性，迅速更换店内的商品。这样一来，即使是面积有限的便利店，也能摆满顾客所期望的各种商品。

要实行这个单品管理方法，需要对数据进行详细地分析处理，以及在店铺内施行敏捷快速的工作流程。而且，7·11的连锁规模庞大，店铺数量在全国超过16000家。经营的商品约2800个品种。便当和饭团等主力商品从物流基地使用专用卡车1天平均配送3次。

能实现如此规模、细致高效作业的管理系统，没有IT支持是不能完成的。为人们提供便利的便利店实际上可以说是一个"IT集团"。

支撑单品管理的构造之一就是设置在各店铺的"POS系统"。每天通过收银台输入的销售数据被发送至总部。

总部的工作人员通过分析汇集来的数据，确定某种商品是畅销商品还是滞销商品。将此作为订货的参考信息发送给各店铺。总部还将此用于制定便当等商品的订货计划和对各店铺的高效配送计划、新商品的开发等。

连锁便利店具有覆盖性和灵活性，成为行动不便的老年人的生活基础设施，在东日本大地震和洪水之类的灾害发生时，也发挥着将食品等迅速从其他地区运往灾区的社会基础设施的作用。在其背后默默支持的IT业，今后也会更加引人注目吧。

译 文

事例2：东日本旅客铁路（JR东日本）

　　JR东日本在东日本地区开展铁路运营。运营里数共计约7512公里，每天运营的列车12784辆。每天有1680万乘客使用。该公司的铁路网规模庞大，从全球范围看也是绝无仅有的，其在IT技术方面也是世界最先进的。

　　在现代社会，铁路运输没有IT技术的支持是无法完成的。以JR东日本的车站为例，来看一下其主要的信息系统和发挥的作用。

　　预约·售票系统是具有代表性的系统之一。车站工作人员通过JR车站"绿色窗口"设置的"MARS终端"，预约列车座位和出售各种车票。并且与售票网站"えきねっと"相互连接，乘客也可以从互联网上预约座位。

　　只要把IC卡——"西瓜卡"靠近感应区域，检票机就会发出"哔"的声音，这样乘客就可以通过了，读者们应该很熟悉这样的场景吧。西瓜卡是由JR东日本开发的，于2001年首次投入使用。因为省去了买车票的环节，所以在售票机前排队的人群减少了。截止到2014年1月末，西瓜卡的发行数量已达约4557万张。有些智能手机也可以使用西瓜卡的功能。

　　运行管理系统"ATOS"是支持车站运输管理业务的IT技术的典范。"ATOS"统一管理辖区内车辆的列车运行时刻表信息和运行状况。如遇恶劣天气或列车因故障无法正常运行时，通过"ATOS"系统重新编排列车运行时刻表。辖区内会收到新的信息，保证列车的正常运行。

　　"ATOS"系统上的信息也可用于引导旅客。站内的发车标识上，显示有列车的发车时间、"快速列车"等车辆类别信息。另外，当列车即将到达时，可以使用列车的位置信息在屏幕上通知旅客。

　　IT技术还应用于应对地震等意外事态。JR东日本引进了"早期地震检测系统"这种站外的系统。将地震仪记录的地震信息发送到控制装置和变电所，以期发生地震时列车能够安全停运。据说该系统在2011年3月11日的东日本大地震发生时也发挥了作用，防止了次生灾害的发生。

　　在"駅ナカ"小卖部，可以用存入西瓜卡里的钱购物。此外，正在推广采用面部识别技术的新型饮料贩卖机。

　　像这样，作为我们身边生活基础设施的便利店和车站，都在充分利用IT技术。

153

第 12 课

参考译文 1　手机、智能手机、平板电脑使用的威胁和对策

如今智能手机取代了手机，使用量急剧增加。智能手机与以往的手机相比，是性质接近于电脑的一种信息终端。由于它能保存重要的工作上的数据、位置等隐私信息，使得其信息泄漏的风险更大。而且，智能手机可以通过安装应用程序添加各种功能。另一方面，像电脑一样，智能手机的这种方便的性质产生了感染病毒的风险。

平板终端虽然比智能手机画面更大，但性质与智能手机很相似，通过安装应用程序可以添加功能，也具有感染病毒的危险性。

正因为智能手机和平板电脑使用方便，要想放心使用，就要和电脑一样注意经常采取信息安全对策。

手机、智能手机被盗窃和废弃时要多加注意

手机和智能手机由于经常携带使用，所以丢失或被盗的可能性很高。有效的对策是使用本人专有密码或者远程锁定的功能。另外，如果企业或单位使用的移动终端丢失的话，要马上联系管理者，请求指示。

另外，也发生了以盗取手机、智能手机中保存的个人信息为目的，买卖废弃手机的情况。所以在丢弃手机、智能手机的时候，请一定确保将登录的邮箱地址和电子邮件等个人信息删除后再丢弃。也有很多店铺进行手机终端的回收，可以选择委托可靠的回收店铺，或者能够进行安全废旧回收的从业人员。

把操作系统和应用程序升级到最新版本

智能手机、平板电脑的操作系统和应用程序同电脑一样有脆弱的一面。如果接收到系统和应用程序的更新通知，请及时安装。

考虑使用杀毒软件

现已发现了以智能手机为攻击对象的病毒。病毒通常混进应用程序中进行传播。目前为止，发现了擅自发送短信的病毒和单击后就被诈骗的病毒。智能手机根据机型会提供相应的杀毒软件，可以考虑安装使用杀毒软件。

提防不可靠的应用程序网站

通常，应用程序在签约的手机公司、操作系统、机器制造商等官方网站上下载并使用，但是根据智能手机的机型不同，也可以从其他网站自由地下载应用程序。最近的应用程序，有些不仅携带病毒，还擅自收集终端信息和电话簿内的信息，如果通过这些应用程序使得电话簿内的信息泄露的话，不仅是自己，还会给朋友等带来伤害。特别是从来历不明的运营网站上下载应用程序，包含这种应用程序的可能性非常高，所以非常危险。而且最近还出现了与官方网站相似的山寨应用程序网站，下载时需要注意。

要确认应用程序的权限和使用条件等内容

有些应用程序,为了收集个人信息,会获取智能手机内的电话簿信息等。在安装之前,要仔细阅读应用程序的说明,需要仔细确认该应用程序会访问智能手机内的哪些信息和功能。另外,在安装时,可能会出现确认操作的对话框,要求收集在该应用程序中本不需要使用的信息(联系方式、所有者信息、位置信息等)。如果安装时对这种个人信息处理方式感到不安的话,就应该考虑放弃使用该应用程序。

注意无线 LAN 的访问

手机、智能手机和平板电脑都具有无线 LAN(局域网)的连接功能。这些访问点有免费的也有付费的。但其中有的连接点故意以免费的形式允许访问,实际上却以盗取信息为目的。因此不要将手机设定为自动连接无线 LAN,除了日常使用的无线 LAN 以外,尽量不要连接其他无线 LAN。

不要更改操作系统

智能手机、平板电脑的终端可以通过改变操作系统或软件来安装之前不能安装的软件。进行软件改造的终端,不仅降低了本来的安全水平,也使得感染病毒的危险性增高,也有可能无法得到制造商的技术支持。另外,从被禁止安装应用程序的网站安装不正当的应用程序的危险性也会提高。因此不要进行系统和软件的改造。

防止他人偷窥信息

在电车或公交等容易被他人看到的地方操作手机、智能手机、平板电脑时,有从后面被偷窥的危险性。因此不要在人群中进行帐户信息的输入等细致的操作,在画面操作时要注意周围的视线。或者采取粘贴防窥视贴膜等方法。

注意照片的位置信息

具有 GPS 功能的智能手机、平板电脑等终端拍摄的照片中,根据设定不同,有些会包含我们看不到的拍摄日期、拍摄地点的信息(GPS 信息)和照相机的机型等各种信息。如果不仔细确认位置信息就在社交软件上发照片的话,别人就有可能锁定自己的住所和所在位置。为了防止遇到不必要的麻烦和被跟踪,要特别留心。要事先确认自己所使用的终端的设定。

使用智能手机的时候,也要注意周围的情况

一边走路或者一边移动一边操作智能手机的话,会注意不到周围的情况,有时会引起麻烦。为了不给周围的人添麻烦,尽量不要一边移动一边使用手机。

参考译文 2　游戏机的安全对策

最近很多游戏机都具备了通过无线网络接入互联网的功能。使用此项功能,可以通过互联网进行对战游戏或者下载 APP,这其中还出现了装有专门的浏览器、可以浏览互联网主页的机型。

IT日语泛读教程

游戏机和电脑、智能手机一样逐渐成为孩子们接触互联网的主要媒介之一。因为互联网上存在很多不良网站，所以在孩子们通过游戏机上网的时候，我们推荐采取与年龄相符的登录限制措施。

另外，便携式游戏机可以带出家门接入无线网。游戏厂商也极力推进这样的使用方式，在快餐店、家电量贩店和大型超市，很多游戏厂商还设置了官方WIFI接入点。

另一方面，在街上有各种接入互联网的机会。有免费的公用无线网络、普通家用无线网络外泄的信号、以及具备热点分享功能的智能手机信号等等。这些无线连接当中可能存在着恶意连接或者安全设置不充分的连接。一旦接入这样的无线网络就有可能发生通信内容被窃取的风险。

这些可以接入互联网的游戏机具有与使用电脑同样的风险，了解到这一点，我们有必要采取以下的安全措施。

为游戏机设置过滤功能和年龄限制功能

过滤功能指的是小孩子在使用互联网的时候，阻止其接入有害网站的功能。过滤软件包括个人电脑用、智能手机用、游戏机用、宽带路由器用及无线网接入点用等。根据使用者使用环境开发了面向各种机器的产品。在家庭内请按照需要选择过滤服务用于相关的机器。

但是，一般情况下便携式游戏机会在街头使用，如果没有对于游戏机本体进行网络过滤，而只是在家庭内的宽带路由器实施过滤的话，那么需要注意外出时过滤功能失效这一点。最好考虑引入针对游戏机本体的过滤功能。

年龄限制功能是一种由监护人限制和管理未成年人使用信息设备的设想。使用游戏机自带的年龄限制功能，可以限制未成年人使用可能会造成恶劣影响的游戏，或是限制其购买装备和使用互联网等。

一旦设定了年龄限制功能，未成年人要使用受限的功能或者想要接入受限制的网站时，就会被要求输入事先设定的密码。监护人通过严格管理此类密码，即可实现对未成年人的使用监管。

明确家庭内部的规则

过滤功能还可以随着孩子年龄的变化，调整其可以浏览的网站。让我们随着孩子的成长和素养的提高采取相应的保护措施吧。

另外，游戏机的使用也好，游戏机以外的个人电脑、智能手机等的上网使用也好，我们最好和未成年人一起商量，在家庭内部制定规则然后让孩子遵守。

不接入不可信的接入点

要想不接入街头的恶意无线网接入点，需要事先在家庭内部明确规则。如：不接入外部网络。或者事先定好可以接入的无线网，让孩子去遵守。

第 13 课

参考译文 1　用数字技术打造放心生活

世界范围内都极其少见的日本少子老龄化问题在不断加剧,这一现象不断引发各种新的社会课题。其中弱势群体的帮扶体制成为眼下十分紧迫的课题。老年人占总人口的比例急剧增加,作为未来经济和社会支柱的儿童的比例却不断减少。如果没有让弱势群体安全、放心地生活的体制,那么可以说很难保证日本的持续性发展。

现在,将产品、服务、业务流程数字化的"数字化转型"发展迅猛,将最新的数字技术引入到弱势群体帮扶体制中,就有可能构筑一个让老年人和儿童更加安全、放心的生活环境。

必须顺利地让体系内的工作人员实现信息共享

根据内阁府《平成 29 年版高龄社会白皮书》,2016 年 65 岁以上的人口占总人口的比例(高龄化比率)为 27.3%。约 50 年后的 2065 年,高龄化比率会达到 38.4%,也就是每 2.6 个人中就有一个 65 岁以上的老年人。据说,65 岁以上的独居老人不断增加,到 2025 年会超过 82 万个家庭,占总家庭数的比例会超过 13%。

面临如此严峻的老龄化社会,2012 年 4 月日本实施了《护理保险法》,修订版。该法律规定,构筑高龄者可以独立生活的"地域综合照护体系"是国家和地方自治体的责任和义务。地域综合照护体系是指相关人员协同合作、系统地向地区居民提供医疗・护理・预防・住房等服务的体制。

现在,全国的地方自治体都在推进构筑这一体系。比如静冈市推行的"居家服务"项目就是其中之一。该市的地域综合照护体系构筑了"医疗护理专业合作帮扶体系"和"地区市民合作帮扶体系",并将两个体系联合起来,共同帮扶老年人及其家人。设置了由医疗护理等相关人员组成的"静冈市居家医疗护理合作协议会",大家一起讨论工作、交换信息。并进一步设置了实施・检验具体工作的企划部会、ICT 部会、启发培训部会、地区支援部会,来持续探讨该体系的运作。

地域综合照护体系成败的关键在于,如何顺利地让体系内的工作人员实现信息共享。因为地方自治体、医疗护理等服务行业、NPO(非营利组织)所收集管理的信息实现共享能够提升服务的速度和质量。

可以通过感应装置检测异常行为

《修订版护理保险法》规定的地域综合照护体系中,除了医疗、护理、预防、居家之外,看护等生活帮扶也被列为帮扶高龄者的重要举措。这就意味着"看护高龄者"也是国家和地方自治体需要面对的一大课题。

东京都福祉保健局发行的《高龄者看护指南(第 2 版)》中,将对高龄者的看护分为三类:(1)"缓和看护":地区居民或民间从业人员在日常生活和工作中如果发现有人"和平时不一样""有点儿奇怪"的话,要向

专业的咨询机构咨询；(2)"担当看护"：对于需要定期确认是否平安和需要走访的对象，由民生·儿童委员、老年人俱乐部、居民志愿者负责实施；(3)"专业看护"：对于老年痴呆症、虐待等比较棘手的案例，由地域综合支援中心等专业机构的具有专业知识和技术的工作人员承担。

为解决这些课题，近年来，有望通过数字技术加速实现"缓和看护"。运用了感应装置的高龄者看护体系不断涌现。根据产品的不同，其特色和构造也有所不同。有些护理服务机构为了确保安全性和减轻工作人员的负担也引入了此技术。

例如某风险企业开发了一款看护体系，这款看护体系通过在居室设置多个小型感应装置，24小时365天自动收集高龄者或被护理人员的生活信息。感应装置能够监测以下三种情况：心率监测（监测心博数、呼吸数、起床·翻身情况）、监测动作（监测人类的活动、室内的发光强度·温度·湿度）、监测门的使用状况（监测门窗的开关、发光强度）。这些数据将自动发送到云端，就能够在专用网站上观测按时间顺序处理的结果。"到了平时起床的时间了还没动静""半夜大门口的开关感应装置有感应"等等，当出现与事先设置好的"与平常不同的条件"相符时，会以邮件的方式通知其家人或护理人员。

通过IC芯片、信标终端来追踪儿童的行踪

以另一社会弱势群体——儿童为服务对象的看护系统，也在各地开始运行。总务省在2009年1月份公布了《儿童看护系统导入指南》。

北海道岩见泽市施行的看护系统是这样运行的。只要放在书包里的IC芯片经过设置在校门口的感应装置附近时，上学放学信息就会以邮件的方式发送给家长。该系统还可以与照相机连动，只要登录专用网站就能看到儿童经过校门口的画面。除此之外，还具备以邮件方式同时发送可疑人员信息的功能。该市所有小学都导入了该系统，并向有意使用者无偿出借IC芯片。

最近，不仅是IC芯片，运用信标终端的举措也多了起来。东京都墨田区从2017年6月开始试验利用自动售货机进行看护服务。在区内设置了100台搭载无线路由器的朝日饮料自动售货机，此举意在构筑地区网络用来作为信息的发送点和转播点。只要携带信标终端的儿童和老人经过自动售货机附近，那么其位置信息履历、活动状况等就会发送到家人的智能手机或电脑中。

参考译文2 智能家居产业将迎来黄金期

——大型IT公司陆续加入

打开冰箱取出食材的时候，对着冰箱说"鱼香肉丝的做法是什么"，冰箱的操作板上马上就会出现做法步骤的影像。在智能手机上设定好洗澡的时间和水温，浴室的照明就会自动点亮，水会自动注入浴缸，调节

温度等等。

  这种画面以前只能在科幻电影中看到。但是,随着智能家居产业的发展,如今它已跳出荧屏走入老百姓的日常生活中。

  在亚马逊一年一度的减价促销日期间,一款叫做"Echo Dot"的语音助手音响受到追捧。通过语音助手功能,用户与音响对话就能够接收到当天的新闻或家人留言。亚马逊通过控制销售价格,使这一商品的销售额达到去年的六倍以上。

  根据数据统计资源网站Statista的数据显示,2016年全世界智能家居市场的规模达到168亿美元,预计2021年将达到793亿美元。

  为了配合市场的动向,今年伊始全世界的大型IT公司都陆续加入智能家居产业,围绕这一市场的争夺战已经打响。微软公司最近开发了一款叫做"GLAS"的智能温度调节器。这一产品配备了叫做"Cortana"的微软语音助手,能够自动检测房间里是否有人以及室内的空气质量。

  全世界智能家居产业的迅猛发展也推动了中国市场的发展。在业界经历了将近40年的起伏后,现在中国已经成为真正的家电大国。但是,要实现"家电强国"的目标,家电智能化不可避免。

  前不久国务院公布了"新一代AI发展计划"。该资料显示,2020年之前以AI为核心的产业将达到1500亿元规模,相关产业提升到一兆元规模以上。2025年之前将新一代AI技术广泛应用于智能制造、智能医疗、智能城市、智能农业等领域。

  AI的发展必然会带动智能家居产业的迅猛发展吧。在良好的发展前景和政策环境下,智能家居在中国家电业界也备受瞩目。海尔、美的等大型家电厂商以及华为、百度等IT企业都陆续加入智能家居产业。

  中国的智能家居产业虽然起步晚,但是市场需求巨大,有最大的潜力成为成长最迅速的产业。据"易观智库"的数据显示,预计截止到2018年中国的智能家居产业将达到1800亿元规模,将会有大量资本投入以及企业加入。市场将会迎来"百舸争流"的景象。

第 14 课

参考译文 1 发现未知世界的新型计算机的登场

——量子计算机

2017年是量子计算机元年。因为在这一年的5月17日，IBM的量子计算机"IBM Q"实现了17量子比特。在这一两年当中，量子计算机的研究和技术开发得到迅速发展。IBM、Google、阿里巴巴，这些大型IT公司相继推出量子计算机的云服务。量子计算机的处理能力超越传统超级计算机，成为改变今后商业环境的一大重要因素。

因此，各国都把它作为重要技术，大力投资。美国把这一领域的研究看做保障国家安全和确保国际竞争力的重要技术，每年投资200亿日元。欧盟也启动了长达十年的约1200亿日元的项目规划。而日本制定了十年300亿日元的预算。

量子计算机与以往的计算机有何不同？

量子计算机的构造与以往的计算机不同，而且计算能力远超超级计算机。传统计算机在性能提高方面似乎开始陷入困境，而量子计算机作为新生代计算机受到大家的关注。

量子计算机与传统计算机的一大区别在于处理数据的单位不同。传统计算机将0或1的区别作为"比特"处理来进行计算，而量子计算机应用的是量子比特，量子比特中0和1是重合状态。因为它将量子力学的"叠加原理"应用于计算程序。

换言之，相对于传统计算机一次只能导出一个答案，量子计算机可以导出多个答案，所以可以同时处理多个任务。因此可以瞬间处理庞大的数据。据说处理能力是超级计算机的1亿倍，可以说是"理想的新型计算机"。

量子计算机的基本构思，是由曾获诺贝尔物理学奖的、美国已故理论物理学家理查德·费曼在1982年最早提出的。之后，世界各国企业加入量子计算机的开发。日本家电厂商曾在基础研究和申请专利数量方面位居世界前列，但是由于技术开发难度大和日本经济的不景气，在2010年很多企业相继退出。

现在的量子计算机热潮，很大程度是由加拿大量子计算机公司 D-Wave Systems 掀起的。该公司在2011年发布了商用型量子计算机。Google 和 NASA（美国国家航空航天局）在2015年发布了一项研究成果，即他们使用量子计算机解决了有1000个变量的"组合最优化问题"，速度是传统计算机的一亿倍。此项成果受到全世界的瞩目。

尽管这一成果是在特定条件下得出的,但实际验证了可以利用量子状态进行高速处理的可行性,再次掀起了量子计算机热潮。此后,国内外的研究机构和IT制造商重新致力于量子计算机的开发。

与AI结合产生强大冲击力

量子计算机惊人的处理能力,在其普及之时定会给社会带来巨大的冲击吧。

比如,金融业界投资组合的最优化。要从数量繁多的品种中寻求优化组合,量子计算机将会发挥巨大的力量。

还有通过化学物质的组合开发新药。现在,世界范围内的大型公司都投入巨额的开发费用研制新药,如果使用量子计算机的话,可以处理复杂的组合,开发成本能够大幅削减。

而冲击力最大的是应用于人工智能。使用量子计算机,人工智能在机器学习(以数据为基础的自学功能)方面的精度会得到飞跃性地提高。这样,无人驾驶的汽车也许会更早面世。

当然,具有如此冲击力的量子计算机并非能轻易拥有。因此正如开篇所述,通过云端的方式应用量子计算机已经开始。IBM从2016年开始部分性地提供云服务,中国大型IT企业阿里巴巴是从2018年3月起开始提供的,Google也计划在2018年内提供。如果通过云端能够应用量子计算机的话,企业也比较容易导入。今后,充分运用量子计算机的企业会越来越多吧。

参考译文2 量子计算机迈出商业应用的第一步

——利用量子计算机来解决道路拥堵问题

在以拥堵而著称的泰国曼谷市内,正在实验利用量子计算机来解决拥堵问题。实验方为汽车零部件的大型供应商日本电装(DENSO)和从事各种系统开发的丰田通商。

对于司机来说烦恼之一就是堵车。堵车不仅耗时耗能源,由于精神紧张还容易引发交通事故。新兴国家汽车数量激增,尤其曼谷市内拥堵严重程度世界闻名。据说曼谷周边行驶着600万辆汽车和400万台摩托车,道路等城市基础设施完全跟不上车辆的增长速度。

丰田通商的子公司丰田通商电子从2011年开始,将一款名为"Tsquare"的堵车预测应用程序装载到13万辆出租车和卡车上,以引导司机驶入车少的路段。

但是,现状是这一尝试只不过是将司机引入车少的路段,可以说只是一种"应对疗法"。如果把很多车都引入车少的路段,那么原先车少的路段就会变得拥堵。如果有适合于每台车的解决方案,才能减少拥堵。只是以往的计算机无法实现这一目标,因此才有量子计算机的登场。电装公司尖端研究3部的寺部雅能先生说:"正因为之前在曼谷取得了实际功效,这次的实证实验才能够得以开展"。

也就是说，即便使用量子计算机的高速处理能力，如果没有原始数据的话也毫无意义。从这一点来说，"Tsquare"应用程序在曼谷取得的实际成绩是有效果的。

采访当中，寺部先生解释说明了量子计算机的构造。当问到量子计算机具有怎样的处理能力时，他回答道："以往的计算机需要花费一周才能完成的解析，量子计算机一分钟就能搞定"。同时他表示："好不容易得来的数据，因为以往的计算机处理速度跟不上，所以不能有效地运用在每条道路上。现在如果发挥量子计算机的处理能力，那么即便是以百万辆为单位的汽车同时行驶，也能为每辆车规划出最佳路线"。

又去走访了将"Tsquare"信息应用于调配车辆的出租车公司。在实验中，针对使用量子计算机后出租车调配车辆如何提速、紧急车辆的到达时间如何提速进行了测试。结果显示，"想要实现9辆出租车所在位置和9个出租车呼叫方所在位置的总距离最小，量子计算机仅用了20微秒就能高速处理约36万种组合"。

关于推广实用，寺部先生说："现状是相关的应用程序还未开发出来，硬件开发也正在进行当中。今后将会继续解析实验数据，来寻求实际应用的突破口"。曼谷不堵车了！或许这一天会很快到来。

第15课

参考译文1 互联网违法行为有哪些种类

1 来自外部的违法行为

这里所说的来自于外部的违法行为主要是连网后发生的。来自外部违法行为有以下几种典型情况：

1-1 非法入侵

现实当中的非法入侵指的是，潜入各位读者的家中，偷偷打开柜子或者保险柜等的犯罪行为。即小偷的所作所为。

在互联网语境中，非法入侵指的是以未取得许可的账号非法接入各种业务服务器或认证服务器的行为。例如陌生人通过互联网进入企业内网私自入侵业务服务器的行为。

不仅入侵服务器，最糟糕的是被入侵的服务器可能会成为入侵其他服务器的"跳板"。另外硬件和CPU等资源也可能被非法使用。

1-2 信息窃取

所谓信息窃取，请想象一下"装上窃听器，偷听机密信息"的违法行为。

例如，互联网是人人可用的开放的网络。因此就可能有不怀好意者静待网上信息通过，从而盗取他人电子邮件、密码、信用卡号码等信息。

1-3 冒名顶替

"信息窃取"进一步发展会怎样？有可能利用非法得到的数据冒充本人来利用信息，这就是"冒名顶替"。

在互联网世界，很难确认对方是否本人，冒名顶替十分容易。

例如不怀好意者通过某种方式得到某公司的员工证，然后佩戴该员工证冒充本人进入公司内部，这种行为就是"冒名顶替"。

盗取并使用他人ID和密码登录服务器的行为即为冒名顶替。

1-4 DoS 攻击

所谓 DoS(Denial Of Service)攻击，是指针对网络本身或者服务器、主机等终端发送大量数据的恶意行为。网络、服务器、主机可能会因此过载，无法进行正常的信息处理。

具体来说，会有如下攻击手段：

- 通过大量接入申请使主机或服务器过载，让正规用户无法使用。

- 通过垃圾邮件浪费硬盘空间，使服务器无法使用。

1-5 电脑病毒

各位读者有过患流感的经历吧？流感就是病毒引起的。身体倦怠，发高烧甚至传染他人。有时甚至会被禁止出门。更有甚者会被隔离。

电脑病毒同样如此。电脑病毒中存在破坏数据和系统本身使业务无法进行的恶意病毒。

电脑感染病毒，会出现以下症状：

- 电脑速度变得极为缓慢
- 系统突然崩溃，无法启动
- 大量数据流传到网络上
- 携带病毒的电子邮件被随意发送

我们身边的流感会让我们身体疲惫、突发高烧、身体产生变化。电脑病毒和自然界的病毒一模一样。

2　来自内部的违法行为

现如今，不得不从内部寻求互联网安保对策了。其原因来自于企业内部环境的变化：

- 使用网络的人增加
- 除了正式员工以外，有其他人同在办公室工作
- 信息本身价值高涨

从企业内部可能会发生与外部相同的违法行为。

- 非法入侵
- 信息窃取
- 冒名顶替
- 电脑病毒
- 信息外泄

非法入侵，无论发生在企业内部还是外部，其本质没有什么不同。区别在于"入侵通道是否经由互联网翻越防火墙"。

来自外部的非法入侵，需要通过互联网翻越防火墙才能实现。而由内部实施侵入则可以直接由非法终端接入内网，非法入侵服务器等设备。当然，内部入侵，即公司内部相关人员更容易访问内部网络，更有可能接触到机密性较高的业务服务器，这是可以想象到的吧。

此外，"信息窃取""冒名顶替""信息外泄""电脑病毒"也同样，与外部入侵的区别就在于是否翻越防火墙。

参考译文2　近代私法与信息

信息在成为法律或伦理问题时，到底是怎样的状态呢？大致分为以下几点。由信息引发的问题和与之相伴的法律关系有这些：

- 信息创造者追求信息报酬时
  →知识产权问题
- 信息创造者追求精神自由时
  →思想良心的自由问题
- 信息创造者追求精神自由的同时其信息拥有社会影响力时
  →表达自由、学问自由、宗教信仰自由的问题
- 信息被用于个人的社会评价时
  →名誉隐私等人权问题

对信息的社会评价，我们也会受到媒体和新闻报道的影响。在这种情况下，我们必须注意不出于恶意发出的信息可能被篡改成伤及他人的信息。作为信息接收者，我们很难从信息中正确理解信息发布者的意图，因此越发难以从法律上进行保护。

像这样，对于信息这种无形的新概念，只要有人接触它，就会有很多法律问题被指出来。我们都能感受到自己生存在法律这一规则之下吧。

但是，现今的法律仅仅是针对已经出现的问题，是为了解决这些问题而制定的，并非是为可以想到的今后会发生的未知的概念（本文所指的信息）而制定的。

虽说如此，如果不适用信息相关法律，就无法保障上述与信息相关的人们的权利。如何基于现行法律对新生的信息这一概念和权利加以处置与保护，这种法律解释和法律实践才是应该被称为"信息法"的想法。

那么，让我们在思考信息与法律的相关性的同时，探讨一下信息的特殊性。在这里，我们首先从经济的视角来思考信息的特质。为什么经济视角必不可少呢？这是因为人们在经济方面的交易行为才是信息作为有价值的东西需要加以保护的场合。

信息的特质

- 无形物：没有固定的外形
- 不可占有：无法私有

- 不可独占：会受到他人的干涉
- 无限传播性：可复制（例如：twitter 上求转发的信息泛滥不已。）
- 随时间推移而转为公共财产：
  所谓公有财产是指某人的消费不会影响到他人消费的财产。（例：法律制度、警察、消防、公园、道路、空气）

即使是某科学家的世纪伟大发现，经过几个世纪以后，也会变成小学生学习的常识。这时，科学家费尽辛苦发现的信息，就无偿地为不特定的多数人所享有。当然，对于发明创造，有相关的知识产权保护法等防止其公共财产化，但仅限于那些有特殊价值的信息，以及需要对这些信息发现者进行保护的情况。

信息的特质与法律背景

民法中作为财产权规定了物权和债权。其中物权是指有形物的财产权，债权是指无形物的财产权。信息虽然属于无形物范畴，但作为财产加以保护时，知识产权保护法却将其以类似物权的权利加以保护。信息作为依法保护的对象时，是被作为类似有形物来对待的。

信息的特质与法律的问题点

保护信息的知识产权保护法中存在着将无形物的信息作为类似于有形物的"物品"来对待的矛盾之处。因为在民法中，认定无形物财产权的时候只以与人相关的债权为对象，那么要想使信息本身作为财产权被加以保护，必须使其适用于对于有形物"物品"加以保护的物权，必须使无形物的信息转化成类似于有形物的"物品"。作为近代社会保护财产权的基本法律，民法当中并不存在把信息作为财产加以保护的规定。

第16课

参考译文1 谁都不愿意写的重要文书

——"绘制"章程(charter)的方法

很多组织都致力于消减文件。很多企业经营者提出"会议资料不得多于一张A4纸的内容"。但另一方面,有些文书尽管极为重要,却做不出或者即使做出来也是一纸空文,没有人把它放在心上。

这种文书就是"章程(charter)"。章程是指记载某种活动或者某个组织的目标、活动范围、参加者的任务和责任等内容的文件。包括项目章程、团队章程等等。章程(charter)的意思是"指示所赋予权利的文件",但没有通俗易懂的译词。最初是租赁船只时,记载因何种目的以何种条件使用船只的文件,所以如果翻译成"宪章"的话,反倒晦涩难懂。

神庭PM研究所的神庭弘年所长指出:"被认可过的章程是项目的锦旗,在推进项目的过程中,如果发生某种混乱,该项目的相关人员可以返回章程重新确认其目的思考对策。因此,它还是项目经理的护身符。"(2016年7月7日号《没有异议的项目是不存在的》)

但是,就像我们知道这个词没有对应的译词那样,"明确地确定从事业务的范围,决定成员的职责所在这一类内容,日本企业通常并没有认真地去做。"(2015年9月17日号《团队的目的和权限含糊不清》)

如果即使含糊不清,项目和团队能够顺利进行活动的话倒也无妨,但是这很难说。与海外企业的合作,企业间的收购合并自不必说,一个企业内部的事业部门与工厂之间甚至都无法互相协作的情况也时有耳闻。

经营者与信息系统管理者进行关于开发项目和系统部门运营的对话时,如果有章程的话就可以在已达成的共识的基础上展开对话。因为章程"A4纸2～3页左右即可"(神庭所长),所以并不会增加文件的数量。只是,项目章程的话,需要请项目投资方审阅后盖章以示确认。

贴近对象去写作

章程应该如何书写呢？内容并无特别之处。首先收集必要信息,作出章程的基本方案,然后交给相关人员(利益相关者)进行讨论,得出符合相关人员意愿的文章。虽说书写人一篇文章就可以表达意思,但实际写起来用一般方法行不通。大致要面对两方面的挑战。

其一是"贴近对象"。如何收集必要的信息？日本project solutions公司社长伊藤大辅在其著作《成为负责人要知道的"项目经营学"实践讲座》中指出,比起写章程,"收集整理之前做好的项目相关文件"的同时

IT日语泛读教程

"与文件撰写相关人员确认疑点"更为重要。

伊藤还指出:"以章程制作为契机,一定要与公司内部人士和顾客进行沟通确认","有必要与利益相关人士进行交涉并进行调整"。要做到这一点,必须踏踏实实沉下心来与公司内部人士或客户进行沟通。

写出感动团队成员的文章

项目管理专家峰本展夫代表在其著作《项目管理专家》中指出,还有一个挑战就是以在校园内随意涂鸦的心境进行项目设计。毫无疑问,所谓自由就意味着灵活思维,或者努力实现更好的成果,而并非是随意地涂涂画画。

峰本代表认为章程要写成能够明确"使命与目的"的文章。他认为使命要能够感动团队成员,目的应该是各个阶层无异议的内容。他建议"用肯定表达使之容易记忆","使用具体的、可实现的且具有挑战性的表述"。要写出这样的文章就必须要有构想和设计做出更好产品的态度。对现有文件进行提炼或者将计划书进行精简的都不是章程。

章程中最重要的项目是使命与目的,还有达到目的要完成的各种目标。在考虑到目的和目标书写章程的时候,伊藤氏建议使用"项目愿景贴纸"。针对"想要达到什么目的""为什么要达到这个目的""达到这个目标公司、组织、顾客、自己、项目团队成员以及利益相关人士会有何变化"这些问题,相关人员进行提问、讨论,描绘目的达成后的未来。

粗加工也无妨,先尝试尽快写出一个章程

本文原本是想说明章程的写法,但现在章程或许给人一种比较麻烦的印象。在日本还存在到底由谁来执笔章程的问题。

如果是项目的话,本来应该由项目投资方即经营者乃至事业责任人或者其身边的人来写。但是在日本,很多时候这个人并不存在。

尽管如此,如果没有人横下一条心来做的话,就无法启动章程的书写。不是经营者或者事业责任人,信息系统部门或者IT企业来写也可以。神庭代表去年说到:"是否要求写章程先暂且不论,自己先写一个如何?"

峰本代表提议说,即使粗加工也无妨,总之要做出一个章程提示给团队成员和利益相关人士,"开始时只是个大致的轮廓也无妨",他如此建议。

即便如此如果还说写不出来的话,那就练习写吧。关于只由信息系统部门决定并推进的项目,最好让团队成员来写团队章程,并互相讨论。

也有一种办法就是通过个人活动来练习章程写法。伊藤代表也建议将日常生活中身边的小事作为项目,设定目的和目标、领域,并养成思考如何达到目的和目标的习惯。

参考译文2　展示要在最后一刻完成

笔者本人是那种不到最后时刻拿不出最成熟想法的人。因此从20多岁开始的10多年时间里,一直在坚持的一个习惯就是在展示的当天早晨写计划书。写计划书最好的时机是展示会当天。如果第二天有展示会,那当天就尽早睡觉。然后第二天尽可能早起完成计划书。为什么说当天完成才是最好的？那是因为创意这种东西,一旦成型,其成长就停滞了。而且所谓的展示会就是将自己的创意公之于众的评选会。其成功与否却在很大程度上受到时机的影响。

到上周为止还是很好的一个创意,在今天可能就黯然失色了。在将创意具化时,是否契合当时最流行的话题决定着演示资料的效果。例如,苹果公司的新产品发布等都在每年春季日本时间的深夜进行。有可能这个新产品发布会会推翻之前的所有前提。Google和微软的发布会也是如此。这些在深夜发布的消息,第二天一大早就反映在演示中。而且,毫不造作地融于创意,没有比这个更效果非凡的展示了。无论是设计比赛还是大会,都会出类拔萃,胜人一筹。这与在商社和广告代理店的工作是一样的。深夜发布的网络新闻和早晨4点配送的经济报刊上,有着可以给我们的创意带来巨大影响的启示。

作为日本国内IT界现场展示比赛最高峰"无限创意峰会"的LaunchPad,可谓声名远扬。在这个峰会上,上自超一流企业的社长下至刚刚起步的创业者,各个阶层的人在这里进行展示,接受审查。笔者曾一度堪称此项活动的连续参加次数纪录保持者。基本来说要想登上LaunchPad的舞台必须接受严格的审查,很多人在预审阶段就被淘汰。但是我,并非仅仅为了出场,我还想取得优胜。最开始参加时我曾取得过第三名的成绩,但之后不知为何就产生了惰性。那时候我都是每天早晨写演示稿,因为LaunchPad是在早晨进行的。但是,最终让我夺冠的演示,居然是临场发挥的。我就上一个演示公司的演示内容做了后续发表,我对他们的演示进行了否定,认为他们的做法落后于时代。一个演示的限定时间是6分钟,也就是说我用了6分钟做了一个演示并夺冠。这个效果太震撼了。我甚至即兴做了现场编程。所谓现场编程,是指我在现场演示了程序制作的过程。正是因为我是一名程序员,所以才能做出这样的演示。能够打动人心的往往是现场感。看着那些事先做好的PPT,会让人产生困意。越是临场发挥,越吸引人。

从那以后,我尽可能避免制作PPT资料。与PPT相比,我会优先选择有现场感的白板演示。重要的是"把想法传达给听者",要做好传达,简短有力的演示内容才能取得更好的效果。对我来说,创意的关键是它的新鲜感。